新手学
外贸客户开发与谈单
实战全攻略

陈 磊 ◎ 编著

中国铁道出版社有限公司
CHINA RAILWAY PUBLISHING HOUSE CO., LTD.

图书在版编目（CIP）数据

新手学外贸客户开发与谈单实战全攻略 / 陈磊编著. -- 北京 : 中国铁道出版社有限公司, 2025. 9. -- ISBN 978-7-113-32495-7

Ⅰ. F740.4

中国国家版本馆 CIP 数据核字第 2025FS6610 号

书　　名：新手学外贸客户开发与谈单实战全攻略
　　　　　XINSHOU XUE WAIMAO KEHU KAIFA YU TANDAN SHIZHAN QUAN GONGLÜE
作　　者：陈　磊

责任编辑：张　丹	编辑部电话：(010) 51873064	电子邮箱：232262382@qq.com
封面设计：宿　萌		
责任校对：刘　畅		
责任印制：赵星辰		

出版发行：中国铁道出版社有限公司 (100054, 北京市西城区右安门西街 8 号)
网　　址：https://www.tdpress.com
印　　刷：三河市国英印务有限公司
版　　次：2025 年 9 月第 1 版　2025 年 9 月第 1 次印刷
开　　本：710 mm×1 000 mm　1/16　印张：15　字数：208 千
书　　号：ISBN 978-7-113-32495-7
定　　价：69.80 元

版权所有　侵权必究

凡购买铁道版图书，如有印制质量问题，请与本社读者服务部联系调换。电话：(010) 51873174
打击盗版举报电话：(010) 63549761

在国际贸易不断发展的今天，越来越多的人进入外贸行业。然而，外贸业务的开展并没有想象中那么简单。

客户资质难以保证，优质客户难找，国外市场阻力大，交易双方难以建立信任关系等，都是当下外贸业务存在的显著问题。这些问题不解决，外贸公司和外贸人员拓展业务就举步维艰。

不仅如此，外贸新手刚进入这个行业，不知道如何寻找客户资源，不知道有哪些客源拓展渠道，从而在开发客户的第一步就被劝退。即使有些外贸员有一定的客户开发经验，但也可能在与客户沟通时遇到困难，比如无法写出引人注目的开发信，或者容易在不经意间做出让客户反感的事情，又或者无法获取客户的信任等，这些都不利于后续的谈单工作。

外贸谈单也是一项技术活儿，如何报价才能让客户觉得合理，如何回复客户的询盘才能促成交易，如何做才能保证有效地讨价还价，如何应对客户的不断砍价等，都需要外贸员掌握一些实用技巧。

为了帮助外贸新手顺利解决工作中遇到的以上难题，我们编写了本书。通过对本书的阅读，读者可以学会客户开发和谈单的技巧，思考哪些技巧对个人工作有用，从而提高工作能力和效率。

本书共 7 章，分为三个部分。

第一部分为第 1～2 章，主要介绍客户开发的相关知识，包括事前市场调研、明确客户对象、掌握外贸术语和产品相关知识、行业法律知识、客户拓展渠道及各种提高客户开发成功率的方法和技巧等，让读者了解并掌握客户开发的有效方法。

第二部分为第 3～6 章，主要介绍与客户谈判签单的知识，包括回复客户的询盘、报价问题的处理、谈单时的沟通技巧、顺利拿单的业务跟进技巧及外贸高手持续成单的实战技能等，帮助外贸新手快速提高外贸订单成交率。

第三部分为第 7 章，主要从客户开发和谈判两个方面入手介绍沟通僵局的破局策略和风险管控，让外贸新手也能为公司外贸业务的发展及外贸活动风险防范略尽薄力，帮助公司更顺利、健康地开展外贸业务。

本书从外贸客户开发和谈单两个方面详细介绍实战攻略，穿插外贸活动的实际案例提升知识点的实用性，同时变换内容叙述方式，表格、图示交替运用，降低内容枯燥感，让读者能在轻松有趣的阅读氛围中学习外贸客户开发与谈单的有关知识。

最后，希望所有读者都能从本书中学到想学且有用的客户开发与谈单知识，快速打破工作阻碍，轻松搞定外贸工作，提升个人工作能力。

编　者

2025 年 7 月

第1章　寻找优质客户，不再被动等待

1.1 开发客户前要做好行业知识储备..2

1.1.1 市场调研了解产品市场分布..2
1.1.2 熟悉产品明确客户对象..4
1.1.3 常用外贸术语要掌握..5
1.1.4 了解与产品有关的报关知识..8
1.1.5 基本地理文化知识要知晓..13
实用范例 外贸企业进口运输的航线选择..................................16
1.1.6 把握基本的财税知识为谈单奠基....................................17
1.1.7 行业法律详解：对美贸易法规与全球合规要点............22
1.1.8 了解一些我国与欧美市场之间的外贸政策....................23

1.2 外贸拓展客源渠道要知道..29

1.2.1 B2B在线平台吸引潜在客户..30
1.2.2 利用展会主动出击找客户..33
1.2.3 利用搜索引擎找客户联系方式..35
1.2.4 社交媒体挖掘客户技巧..37
1.2.5 巧用邮件营销寻找客户..38
1.2.6 通过商会或贸促会寻找客户..43

i

　　　　实用范例　通过商会和贸促会寻找外贸客户达成交易..................43
　　　　实用范例　优化 Shopee 店铺提升曝光..................47

第 2 章　高成功率客户开发有妙招

2.1　了解客户让开发更有针对性..................49
2.1.1　调研工具升级：大数据与 AI 辅助客户分析..................49
2.1.2　客户档案精细化管理：整理与分类技巧..................52
2.1.3　不同阶段的客户需求分析..................55
2.1.4　挖掘重要外商的价值..................57

2.2　写出引人注目的开发信..................58
2.2.1　开发信满足五个特征才能抓住客户..................58
　　　　实用范例　在开发信中向客户明确业务价值..................60
　　　　实用范例　开发信中向客户提供解决问题的建议或方案..................61
　　　　实用范例　开发信中做到坦诚并提供相关认证信息..................62
2.2.2　开发信应注意的八个细节..................63
2.2.3　避免外贸开发信的十个错误..................65
2.2.4　如何写一封"漂亮"的开发信..................70
　　　　实用范例　一封开发信..................70

2.3　新客户开发高效方法与技巧..................71
2.3.1　开发客户时不做让客户反感的事..................71
2.3.2　热门产品的独特思维和敏捷节奏..................73
2.3.3　这样打电话开发效果成倍提升..................74
2.3.4　提高成单率的技巧..................76

2.4　赢得陌生客户的信赖感..................77
2.4.1　第一次打电话如何赢得好感打破信任壁垒..................77
2.4.2　善用图片、视频展示多媒体营销专业实力..................79
2.4.3　陌生客户询价要快速响应并专业解答..................81

2.5 外贸客户开发技巧应用 ... 83
2.5.1 外贸新人如何抓住每一次询盘 ... 83
2.5.2 线上开发客户如何留下好印象 ... 85
2.5.3 通过样品推测对方的真实意图 ... 87
2.5.4 打好"组合拳"为后续谈判争取机会 ... 88

第 3 章 报价与回复是谈单的第一步

3.1 合理报价为谈判留出更多空间 ... 91
3.1.1 影响产品报价的因素有哪些 ... 91
3.1.2 首次报价策略：平衡利润与吸引力 ... 92
3.1.3 客户接受度提升：报价技巧与心理策略 ... 95
3.1.4 做一份高质量的报价单 ... 97

3.2 询盘回复为促成交易助力 ... 101
3.2.1 询盘价值评估：精准识别潜在客户 ... 101
3.2.2 面对买方的还盘该如何应对 ... 102
3.2.3 外贸沟通回复高手支着儿 ... 104

3.3 报价问题的妥善处理 ... 106
3.3.1 报价后客户不回复怎么办 ... 106
3.3.2 报错价格要如何挽救 ... 107
3.3.3 灵活运用虚盘试探客户 ... 110
3.3.4 国际结算的注意事项 ... 112
3.3.5 先谈价格还是先谈订单细节 ... 114

第 4 章 别让沟通阻碍订单成交

4.1 如何在谈判中稳占上风 ... 117

  4.1.1　外贸谈判必须做好充分准备 117

  4.1.2　与新客户的初次谈判需审查对方资质 120

  4.1.3　营造舒适的谈判空间 123

  4.1.4　注意谈判中导致丢单的细节 124

  4.1.5　打好配合给谈判提供助力 124

4.2　价款和付款方式的博弈 126

  4.2.1　坚持价格底线配以适当妥协 127

  4.2.2　分层次报价和货期差别报价 128

  4.2.3　考量客户的价格接受程度 129

  4.2.4　学会巧妙应对客户砍价 131

  4.2.5　选择合适的付款方式并引导客户接受 135

    实用范例　将付款方式的协商摆在前面 135

4.3　外贸沟通谈判进阶技能 137

  4.3.1　客户疑虑消除：产品、服务与合作保障 137

  4.3.2　面对面交流中资深外贸人员的做法 139

  4.3.3　外贸谈判不是退让而是共赢 140

  4.3.4　如何将劣势转变为谈判中的优势 141

    实用范例　小外贸厂从边缘到核心 142

第 5 章　顺利拿单的业务跟进技巧

5.1　外贸订单是"跟"出来的 147

  5.1.1　参展后如何联系客户 147

  5.1.2　网上询价客户的跟进沟通 149

  5.1.3　不同情况下该怎么跟进客户 151

5.2　从接待与拜访细节打动客户 153

  5.2.1　出国拜访要做好充分准备 153

5.2.2　客户来厂接待：资料准备与流程安排……155

　　5.2.3　国际贸易商务礼仪不容小觑……156

5.3　果断签单提升订单转化率……159

　　5.3.1　外贸客户跟进的四七法则……159

　　5.3.2　顺利成交的跟单技巧……160

　　5.3.3　让客户果断签单的方法……162

　　5.3.4　满足客户多样化需求拿下订单……164

　　5.3.5　合同签订谨慎要点：条款审查与风险防范……166

5.4　样品管理攻略：细节决定成败……167

　　5.4.1　样品可以分为哪几类……168

　　5.4.2　第一次寄样前有哪些细节需要沟通……170

　　5.4.3　如何谈样品费和快递费……171

　　　　实用范例　以退为进促使客户主动承担样品快递费……172

第6章　外贸高手持续成单的实战技能

6.1　如何让老客户长期持续下单……175

　　6.1.1　重视外贸供应链服务……175

　　6.1.2　与客户建立高度信任的长期合作关系……176

　　6.1.3　让老客户持续下单的策略……178

6.2　深度合作从短期交易到长期伙伴……179

　　6.2.1　维护客户要懂得合理分配时间……179

　　6.2.2　用优质服务来实现订单裂变……184

　　6.2.3　做好售后服务解决客户后顾之忧……185

　　　　实用范例　售后服务保证措施及方案……187

　　6.2.4　如何从一次交易转为长期合作……189

6.3　看资深外贸人如何做客户管理……190

6.3.1 签单积极做好沟通跟进 191
实用范例 沟通跟进积极签单 191
6.3.2 客户关系管理和危机公关应对 192
实用范例 及时响应、积极解决问题、承担责任、提供技术保障 195
6.3.3 正确处理客户的抱怨和索赔 196
6.3.4 巧妙处理外贸客户遇到的订单问题 198
6.3.5 想方设法增强外贸客户的黏性 199
6.3.6 客户货款拖欠应对策略 200

第 7 章 开发与谈判破局策略及风险管控

7.1 从沟通入手破除客户开发与谈判僵局 203
7.1.1 应对外贸沟通常见僵局 203
7.1.2 积极规避外贸业务中的语言陷阱 205
实用范例 毫无逻辑的表达方式错失客户 206
7.1.3 辨析易误解的外贸用语 207
7.1.4 外贸合同中语言差异的翻译处理 211

7.2 外贸客户谈单的僵局策略 214
7.2.1 九种谈判技巧让你破解谈判僵局 214
7.2.2 把握谈判节奏避免陷入僵局 215
实用范例 以"结束谈判"策略掌控节奏打破僵局 215
7.2.3 如何引导客户推进谈判 216
7.2.4 合同问题与冲突的解决方法 217
7.2.5 棘手客户的应对技巧 219

7.3 不容忽视的外贸风险控制 222
7.3.1 新客户第一次合作风险控制 222
7.3.2 签订外贸合同要严格把控合同内容 223
7.3.3 把控付款方式隐藏的风险 225

寻找优质客户,不再被动等待

外贸是对外贸易的简称,对外贸易涉及一个国家或地区与另一个国家或地区之间的商品和劳务交换,因此也存在买卖双方。作为卖方的外贸公司,在外贸业务中较为重要的工作就是寻找客户,尤其是寻找优质客户,不能坐等买方主动上门。

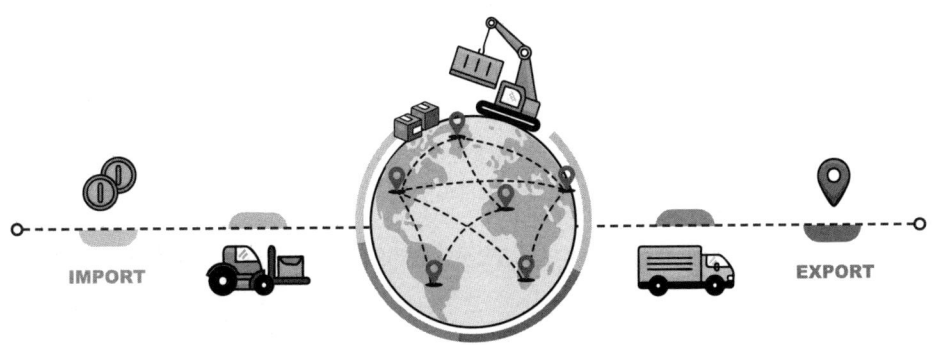

1.1 开发客户前要做好行业知识储备

为了精准、高效地开发外贸客户，外贸人员需要了解一些基础的行业知识，如产品市场分布、产品的客户对象、外贸术语、报关知识、法律知识、地理文化知识及财税知识等。

1.1.1 市场调研了解产品市场分布

产品市场分布主要指公司经营的产品销往哪些国家或地区，各国家或地区之间产品销量和规模是怎样的。要了解这些信息，就需要外贸人员进行市场调研。

市场调研工作的重心主要在分析市场规模和需求两个方面。

1. 市场规模的调研

根据市场调研数据，统计出公司对外销售的产品数量和覆盖国家或地区的范围。

然后将这些数据与竞争对手的同类或相似产品的数据一一对比，从而判断出公司的产品市场规模是否庞大，产品在不同市场中是否均有较大的发展潜力，或者确定产品具体在哪个市场中具有较大的发展潜力，占领市场份额达到多少等。

2. 市场需求的调研

经过对市场调研数据的分析，了解产品在海外市场是否需求旺盛，消费者对产品的需求主要集中在哪些方面，不同方面的市场需求占市场份额的比例是多少。

市场需求的调研是要弄清楚产品在海外市场中的具体分布情况，有助于外贸公司据此分析并采取针对性的措施改善当前产品市场分布情况，从而提高公司产品的销量和市场份额。

在通过市场调研了解公司产品市场分布情况时，有图1-1中的几个注意事项。

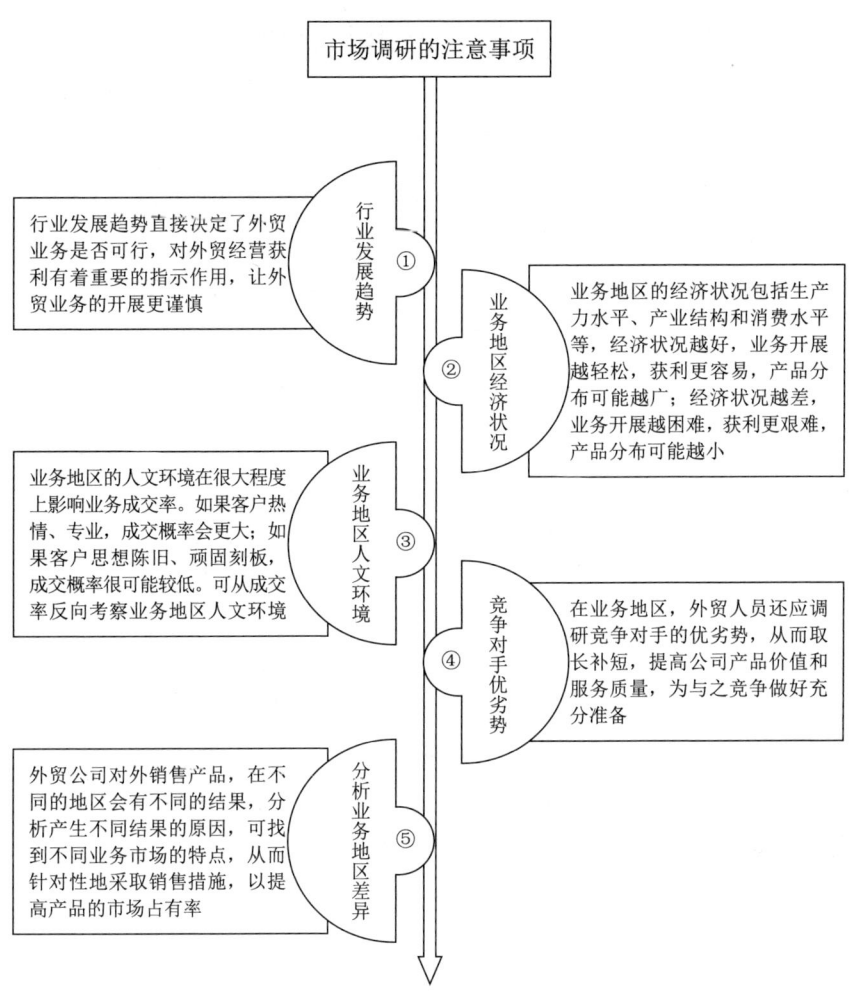

图 1-1　市场调研的注意事项

那么,产品市场分布的新趋势有哪些呢?

追求健康的客户市场。比如零食烘焙品类,消费者需要代餐化、正餐化、模块化的零食,如早餐面包、蛋白质零食等。

满足客户情绪需求的市场。消费者越来越注重产品带来的心理满足感和情绪体验,如社交分享、自我表达等,希望通过产品获得更多关于自己的市场份额。

产品高性价比。消费者更愿意为高质量、低价格的产品买单。

某些行业市场集中度进一步提高。头部企业凭借品牌、技术、规模等优势，不断扩大市场份额，挤压中小企业的生存空间。

跨界竞争加剧。不同行业之间的边界由于技术发展与市场融合而逐渐模糊，跨界竞争成为一种新趋势，比如互联网企业跨界进入金融、零售等领域；传统制造业企业跨界进入新能源、智能科技等领域，给原有市场的竞争格局带来了新挑战和机遇。

线上市场占主导。互联网普及与电子商务的发展，使线上渠道成为产品销售的主要渠道之一，消费者越来越习惯通过电商平台、社交媒体等渠道购买产品，这就促使产品市场更多地分布到电商平台。

体验感强的市场。消费者不再只满足于产品功能和价格，更注重消费过程中的体验和感受。企业通过打造沉浸式的消费场景、提供个性化服务等方式，吸引消费者，促进产品销售。

私域经营。企业越来越重视私域运营，通过建立会员体系、社群、小程序等，将消费者转化为私域流量，实现精准营销和长期客户关系管理。

产品市场趋向智能化和数字化。人工智能、大数据和物联网等技术不断发展，产品的智能化与数字化程度越来越高，产品市场分布也趋于智能化和数字化，如智能家电、智能穿戴设备等。

绿色环保与可持续发展。绿色环保与可持续发展已经成为产品市场的重要趋势，消费者更倾向于选择环保、可回收、低碳的产品。

产品市场下沉。由于一、二线城市市场逐渐饱和，产品市场开始下沉。

1.1.2 熟悉产品明确客户对象

熟悉产品明确客户对象，实际上就是让合适的产品或服务遇见合适的人。通过熟悉产品性能和用途，将其与客户需求配对，从而找到目标客户。前一小节介绍了如何得知客户的需求，那么接下来，应该从熟悉产品出发，寻找具有开拓价值的客户。

无论是外贸新手还是有一定外贸经验的业务员，对产品的认识都应从原材料、工艺、成本、性能、产量、规格、包装方式、价格、用途、最终适用场所以及二次开发的可能性等方面进行。

比如，客户向公司发来询盘，要求奶瓶材质为PPSU，但经过核算后，发现客户的目标价只能勉强满足PC材质的奶瓶。此时外贸人员绝不能退缩，而应自信且专业地向客户解释：根据市场价格接受能力和公司的长期经营经验，客户报出的价格只能购买到材质为PC的奶瓶。同时，善意地提醒客户是否报错了材质，并解释两种材质的不同性能，提供不同材质的报价和样品供客户选择。

这种情况下，如果客户坚持自己的报价和材质要求，外贸人员可以初步判定该客户无法成为合作伙伴。

又比如，外贸公司对外销售空调，而俄罗斯市场中的客户因夏冬季气温特点，想要辅助电加热功能的空调。如果外贸人员了解到本公司经营的空调性能符合客户提出的要求，则可以发展该客户；如果发现本公司经营的空调性能不符合客户提出的要求，则需要进一步与工厂确认，是否可以按照客户要求进行修改，如果可以修改，就能够发展客户，如果不能修改，则只能忍痛放弃客户。

另外，如果产品的包装方式和材质无法达到目标进口地市场的要求，或者被确认为目标进口地禁止的包装方式或材质，则外贸业务无法顺利达成，一般来说该客户也不能开发。

诸如此类，外贸人员可通过熟知产品信息，寻找目标客户。

1.1.3　常用外贸术语要掌握

外贸术语是国际贸易中用来描述交易条件、价格构成、风险和费用分担等关键要素的专门用语，其使用通过《国际贸易术语解释通则》进行规范。随着时代变化，贸易术语也在不断修订，目前以2020版为准，具体见表1-1。

表1-1　国际贸易术语2020版

组别	术语	解释	交货地点	风险转移界限	责任与费用划分
C组	CFR（cost and freight）	成本加运费：指卖方在船上交货或以取得已经这样交付的货物方式交货。CFR价=FOB价+F运费	指定的装运港口	货物交到船上时	运输费用：卖方 保险费用：买方 出口清关：卖方 进口清关：买方
	CIF（cost insurance and freight）	成本、保险费加运费：指在装运港当货物越过船舷时卖方即完成交货。CIF价=FOB价+F运费+I保险费，俗称"到岸价"	指定的装运港口	货物交到船上时	运输费用：卖方 保险费用：卖方 出口清关：卖方 进口清关：买方
	CPT（carriage paid to）	运费付至：指卖方在双方约定地点将货物交给买方指定的承运人或者其他人。CPT价=FCA价+F运费	国内陆路口岸或者港口	货交第一承运人	运输费用：卖方 保险费用：买方 出口清关：卖方 进口清关：买方
	CIP（carriage and insurance paid to）	运费、保险费付至：指卖方在双方约定地点将货物交给买方指定的承运人或者其他人。CIP价=FCA价+F运费+I保险费	国内陆路口岸或者港口	货交第一承运人	运输费用：卖方 保险费用：卖方 出口清关：卖方 进口清关：买方
D组	DAP（delivered at place）	目的地交货：指卖方在指定的目的地交货，只需做好卸货准备，无须卸货即完成交货。卖方应承担将货物运至指定目的地的一切风险和费用（除进口费用外）	指定目的地	送达目的地	运输费用：卖方 保险费用：卖方 出口清关：卖方 进口清关：买方
	DPU（delivered at place unloaded）	卸货地交货：卖方在指定的目的地卸货后完成交货	指定目的地	卸货	运输费用：卖方 保险费用：卖方 出口清关：卖方 进口清关：买方

续上表

组别	术语	解释	交货地点	风险转移界限	责任与费用划分
D组	DDP（delivered duty paid）	完税后交货：指当卖方在指定目的地将仍处于抵达的运输工具上但已完成进口清关，且已做好卸货准备的货物交由买方处置时，即为交货。代表卖方最大责任，此时卖方还需承担各种手续费和税费	进口国国内目的地	买方处置货物后	运输费用：卖方 保险费用：卖方 出口清关：卖方 进口清关：卖方
E组	EXW（ex works）	工厂交货：指当卖方在其所在地或者其他指定地点将货物交由买方处置时，即完成交货。代表卖方最低义务。通常来说，卖方不负责将货物装上买方准备的车辆或办理货物结关，比较适用于没有实际出口权的厂家	车间、仓库、工厂所在地	买方处置货物后	运输费用：买方 保险费用：买方 出口清关：买方 进口清关：买方
F组	FCA（free carrier）	货交承运人：指卖方在其所在地或者其他指定地点将货物交给买方指定的承运人或其他人	出口国地点或港口	货交第一承运人	运输费用：买方 保险费用：买方 出口清关：卖方 进口清关：买方
F组	FOB（free on board）	船上交货：指卖方以在指定装运港将货物装上买方指定的船舶或通过取得已交付至船上货物的方式交货	指定的装运港口	货物交到船上时	运输费用：买方 保险费用：买方 出口清关：卖方 进口清关：买方
F组	FAS（free alongside ship）	船边交货：指当卖方在指定的装运港将货物交到买方指定的船边（如置于码头或驳船上）时，即为交货	指定的装运港口	卖方将货物交到船边时	运输费用：买方 保险费用：买方 出口清关：卖方 进口清关：买方

国际惯例不仅规定了贸易术语，还对买卖双方在外贸交易中应承担的义务作了完整且准确的解释，避免了买卖双方因为对合同条件理解不一致而在履约过程中产生争议。

不同的贸易术语适用不同的运输方式，可简单分为两大类。

①适用于所有运输方式或多式联运：CPT、CIP、DAP、DPU、DDP、EXW 和 FCA。所有运输方式包括航运、海运、内河运输、陆路运输及铁路运输。

②仅适用于海运和内河运输：CFR、CIF、FOB 和 FAS。

1.1.4　了解与产品有关的报关知识

报关指进出口货物装船出运前，有关单位向海关申报的手续。根据规定，凡是进出境的货物，必须经由设有海关的港口、车站、国际航空站，并由货物所有人向海关申报，经海关放行后，货物才可被提取或者装船出口。

下面从报关范围、报关单位、报关期限和报关流程等方面详细了解产品的报关知识。

1. 报关范围

所有进出境的运输工具、货物和物品都需办理报关手续，具体见表1-2。

表1-2　进出境报关范围

类　别	简　述
进出境运输工具	指用于载运人员、货物、物品进出境，并在国际运营的各种境内外船舶、车辆、航空器和驼畜等运输工具
进出境货物	指一般进出口货物，保税货物，暂准进出境货物，特定减免税货物，过境、转运、通用及其他进出境货物
进出境物品	指进出境的行李物品、邮递物品和其他物品。其中，以进出境人员携带、托运等方式进出境的物品为行李物品；以邮递方式进出境的物品为邮递物品；其他物品主要包括享有外交特权和豁免的外国机构或人员的公务用品和自用物品等

2. 报关单位

无论是外贸公司，还是专门提供报关服务的公司，要办理进出口货物的报关手续，都必须先经海关批准成为报关单位。换句话说，能够向海关办理报关注册登记的单位分为两类：一类是自行办理报关注册登记的单位，另一类是代理报关注册登记的单位。

如果外贸企业有能力自行办理报关手续，则可以向海关申请办理报关注册登记，此时外贸企业本身就是报关单位，也称进出口货物收发货人；如果外贸企业没有能力自行办理报关手续，就需要委托代理报关注册登记单位办理报关手续，此时接受代理报关的企业就是报关单位，也称报关企业。

3. 报关期限

出口货物的报关期限与进口货物的报关期限是不同的具体如下：

出口货物的发货人或其代理人（除海关特准的外），应当在货物运抵海关监管区以后、装货的 24 小时以前，向海关申报。这样的规定让海关有充足的时间查验货物，保证工作的正常进行。

如果在这一规定期限内没有向海关申报，海关可以拒绝接受通关申报，出口货物则无法得到检验、征税和放行，无法装货运输，进而影响运输单据的取得，严重时导致延迟装运、违反合同。由此可见，及时向海关办理报关手续非常重要。

进口货物的收货人或其代理人应当自载运货物的运输工具申报进境之日起 14 天内，向海关申报。这样可以加快口岸疏运，促使进口货物尽早投入使用，减少差错，防止舞弊。

如果在法定的 14 天内未办理报关手续，海关将征收滞报金。滞报金的起收日期为运输工具申报进境之日（转关运输货物为货物运抵指运地之日，邮运进口货物为收到邮局通知之日）起第 15 天；截止日期为海关接受申报之日。而滞报金的每日征收率和起征点可能因海关而异，进出口货物收发货人和报关企业需根据当地海关的规定执行。

另外，进口货物的收货人在一定期限届满后仍然未向海关申请报关的，其进口货物由海关提取、变卖处理。所得价款在扣除运输、装卸、存储等费用和税款后，尚有余款的，自货物变卖之日起一年内经收货人申请，予以发还；逾期无人申请的，上缴国库，但确实属于误卸或者溢卸的进境货物除外。

4. 报关流程

进出口货物的报关流程主要分为三个阶段：申报、查验和放行，简单介绍见表1-3。

表1-3 进出口报关流程的三个阶段

报关阶段	业务类型	手　　续
申报	出口	出口货物的发货人根据出口合同的规定，按时、按质、按量备齐出口货物→向运输公司办理租船订舱手续，并准备向海关办理报关手续，或者委托代理报关公司办理报关手续→准备好报关所需的单证→在规定时限内完成出口报关手续。 需要委托代理报关企业向海关办理申报手续的，在货物出口前，应在出口口岸就近向代理报关企业发出委托；接受委托的报关企业要向委托单位收取正式的报关委托书（以海关要求的格式为准）
	进口	可参照出口报关申报流程
查验	进出口	海关在接受报关单位的申报后，以经审核的申报单为依据，对进出口货物进行实际核查，确定其报关单证申报的内容是否与实际进出口的货物相符。除中华人民共和国海关总署特准不查验的外，进出口货物都应接受海关查验，且应在规定的时间和场所进行。如有特殊事由，且事先报经海关同意，海关可以派人员在规定时间和场所以外进行查验，此时申请人应提供往返交通工具和住宿等。海关查验货物后，会填写一份验货记录。 通过核对实际货物与报关单证，验证申报环节申报的内容与查证的单、货等是否一致；通过实际查验发现申报审单环节未能发现的瞒报、伪报和申报不实等问题。 海关查验货物时，货物的收发货人或其代理人必须到场，并按照海关的要求负责办理货物的搬移、拆装箱以及查验货物的包装等工作
放行	进出口	海关在审核报关单据、查验实际货物，并依法办理了征收货物税费手续或减免税手续后，在有关单据上签盖放行章，货物的所有人或其代理人才能提取或装运货物，起运出境。 进出口货物因各种原因需要海关特殊处理的，可以向海关申请担保放行，实际操作参照具体规定

进出口货物除国家另有规定外，均应由海关依法征收关税。进出口货物的纳税义务人，应当自海关填发税款缴款书之日起15日内缴纳税款；逾期缴纳的，由海关征收滞纳金。

5. 自理报关

自理报关是指进出口货物收发货人自行办理报关业务，即外贸企业作为报关企业自行办理报关手续。自理报关企业需进行网上录入、申报、查询、打印报关单及网上查询海关回执等操作，简单介绍相关流程。

①录入操作：自理报关单位持"报关单录入权"操作员卡的操作员进入中国电子口岸"报关单录入"页面，可先下载免税证明、加工贸易手册或加工区备案清单，然后脱机录入报关单数据。数据录入后暂存于本地数据库，提交后上传到数据中心，进入自理报关审核申报流程。

②审核申报操作：自理报关单位持"报关单审核申报权"操作员卡的操作员进入中国电子口岸"报关单审核申报"页面，审核报关单的逻辑性和填报的规范性，确保可以向海关申报。如果审核不通过，需要将报关单下载至本地进行修改，修改后重新上传到数据中心，并重新审核。审核通过后，进入自理报关申报确认流程。

③申报确认操作：自理报关单位持"报关单申报确认权"操作员卡的企业管理人员进入中国电子口岸"报关单申报确认"页面，对报关单进行确认申报。经申报确认后的报关单，通过公共数据中心传给海关内部网络。如果申报确认时被认为报关单的填制不符合逻辑，需要将报关单数据下载到本地进行修改，修改后重新上传到数据中心，并重新进行审核和申报确认。

随后，自理报关单位打印经海关审核通过的报关单，并携带其他单证到海关办理其他通关手续。

6. 电子报关

电子报关是一种新型的、现代化的报关方式，指进出口货物收发货人或其代理人利用现代通信和网络技术，通过微机、网络或终端向海关传递规定格式的电子数据报关单，并根据海关计算机系统反馈的审核及处理结果，办理海关手续的报关方式。

注意，电子报关和自理报关方式可能因为官方网站的页面变化或者政策规定的变化而导致操作有所变化，具体按照页面提示和政策规定执行，此处仅作参考。

信息拓展 什么是转关

转关是工厂的进出口权等在当地海关备案，先向当地海关申请转到出口码头出口，然后在出口码头清关后再报关。按照外贸业务的方向，可分为进口转关、出口转关和境内转关。进口转关指货物从进境地入境→指运地海关办理海关手续；出口转关指货物在起运地办理出口海关手续→运往出境地，由出境地海关放行；境内转关指海关监管货物从境内一个设关地点运往境内另一个设关地点，即起运地→指运地。按照操作方式，又可分为提前报关转关、直转、中转。

提前报关转关有进出口之分，进口提前报关转关是指货物先在指运地申报，再到进境地办理转关手续；出口提前报关转关是指货物未运抵起运地监管场所前先申报，运抵监管场所后再办理转关手续。

直转也区分进出口，进口直转是指货物先在进境地办理转关手续，到指运地后办理进口报关手续；出口直转是指出境货物在运抵起运地海关监管场所后报关，然后向出境地海关办理转关手续。

中转依然区分进出口，进口中转是指具有全程提运单，需换装境内运输工具的进口中转货物，由收货人或其代理人先向指运地海关办理进口申报手续，再由境内承运人或其代理人向进境地海关批量办理转关手续；出口中转是指具有全程提运单，需换装境内运输工具的出口中转货物，由发货人或其代理人先向起运地海关办理出口申报手续，再由境内承运人或其代理人按出境运输工具分列舱单向起运地海关批量办理转关手续，并到出境地海关办理出境手续。

注意，转关也有期限要求，为防止无法顺利办理进出口报关手续，转关手续也应在规定期限内完成。

1.1.5 基本地理文化知识要知晓

从事外贸活动时，外贸公司和外贸人员必须了解基本的地理文化知识，包括目标客户的地理位置、人口及其构成、官方语言、政治体制、经济概况、文化、教育体系、旅游景点和社交媒体的使用情况等。下面通过表1-4了解地理文化知识对外贸业务起到的作用。

表 1-4 从事外贸需知的地理文化知识

知识点	具体内容	作用
地理位置	了解客户所在地区的地形等地理位置信息	有助于分析与该客户开展贸易合作的地理优势和潜在的贸易路线
人口及其构成	客户所在地区的人口数量及其构成会影响市场需求和消费习惯	对于外贸公司提供定制化的产品和服务至关重要
官方语言	客户所在地区的语言直接影响贸易双方之间的沟通和交流方式	有助于避免贸易双方之间的沟通障碍，促进有效沟通，提高成交率
政治体制	了解客户所在地区的政策走向和具体的对外贸易政策	有助于预测客户所在地区潜在的政策变化对国际贸易的影响
经济概况	包括客户所在地区的主要产业和货币等信息	有助于外贸公司分析市场需求、制定贸易策略
文化	各国文化背景会直接影响消费者的偏好和市场需求	有助于外贸公司开发符合当地文化习惯的产品和服务
教育体系	教育水平影响劳动力的技能和知识水平	对于技术密集型产品的交易非常重要
旅游景点	了解各个旅游景点售卖的产品或者提供的服务	有助于外贸公司开发相关的旅游产品和服务，促进各国文化和旅游业的交流与发展
社交媒体的使用情况	如 Facebook、Instagram 等	通过这些平台，外贸企业可以更直接地接触潜在客户，了解客户的需求和偏好，这对市场推广和品牌建设非常重要

除此以外，外贸公司和人员还应对国际主要航线有基本的认知。

国际主要航线是连接全球各大洲、沟通海洋贸易与人员往来的重要通道，具体可分为以下几类：

1. 太平洋航线

（1）东亚—北美西海岸航线。

- 路线：上海/宁波/青岛→横滨/东京→旧金山/洛杉矶。
- 特点：连接中国、日本与美国西海岸，承载中美贸易约60%的集装箱货运，通过巴拿马运河可延伸至美国东海岸。
- 重要港口：上海、横滨、洛杉矶、长滩。

（2）东亚—南美西海岸航线。

- 路线：深圳/香港→马尼拉→瓦尔帕莱索/利马。
- 特点：运输中国与南美国家的矿产、农产品（如智利铜矿、秘鲁鱼粉），需绕行南美洲南端的合恩角或通过巴拿马运河。
- 重要港口：香港、巴拿马城、瓦尔帕莱索。

（3）澳新—北美航线。

- 路线：悉尼/奥克兰→檀香山→温哥华/西雅图
- 特点：连接澳大利亚、新西兰与北美，主要运输羊毛、肉类、乳制品等农产品。

2. 大西洋航线

（1）欧洲—北美东海岸航线。

- 路线：鹿特丹/汉堡→纽约/波士顿。
- 特点：连接欧洲与北美东部，是全球最繁忙的贸易航线之一，主要运输汽车、机械、电子产品。
- 重要港口：鹿特丹、纽约、安特卫普。

（2）欧洲—南美东海岸航线。

- 路线：里斯本→里约热内卢/圣保罗。
- 特点：运输欧洲工业品至南美，返程搭载巴西咖啡、阿根廷牛肉等农产品。

（3）非洲—欧洲航线。

- 路线：开普敦→鹿特丹/伦敦。
- 特点：非洲南部矿产（如黄金、钻石）经好望角运往欧洲，部分航线经苏伊士运河缩短航程。

3. 印度洋航线

（1）苏伊士运河航线。

- 路线：上海/新加坡→科伦坡→苏伊士运河→亚历山大→鹿特丹。
- 特点：连接东亚、南亚与欧洲，比绕行好望角缩短约40%航程，承载全球约15%的货运量。
- 重要港口：新加坡、吉达、苏伊士、鹿特丹。

（2）好望角航线。

- 路线：深圳→开普敦→汉堡。
- 特点：大型油轮（如VLCC）因苏伊士运河吃水限制需绕行此地，运输中东石油至欧洲与北美。

4. 航线的战略意义

（1）经济命脉：全球90%的贸易量通过海运完成，航线直接影响能源、矿产、消费品的流通效率（如中东石油经印度洋航线供应东亚）。

（2）地缘政治：控制关键海峡（如马六甲、苏伊士）成为大国竞争焦点，北极航线的开发加剧了环北极国家的权益争夺。

（3）气候变化：北极航线通航期延长可能重塑全球航运格局，减少对传统运河的依赖。

5. 新兴航线趋势

（1）数字化与绿色航运：2025年部分航线已采用LNG动力集装箱船（如亚欧航线），降低碳排放。

（2）区域内航线加密：东南亚国家间（如印尼—越南）、非洲区域内航线因区域经济合作加强而增长。

外贸企业在选择航线时，需要考虑以下因素：

（1）贸易量和需求：不同地区的贸易量、货物种类和需求量是选择航线的重要因素，如大宗货物可选择经济性较高的航线。

（2）船舶类型和尺寸：不同船舶的类型和尺寸适合不同的航线，需根据实际情况作出选择。

（3）运输成本和时间：航线的运输成本、航行时间等也是选择航线时需要考虑的因素。如对时间要求较高的货物，需选择速度较快的航线，或者选择设施完善、通关效率高的港口，可提高货物运输效率且减少成本。

（4）客户所在地政策和法规：不同国家或地区的政策、法规可能有所不同，会直接影响贸易进出口流程，进而影响港口选择，进一步影响航线选择。

下面来看一个外贸企业选择航线的实际案例。

实用范例 外贸企业进口运输的航线选择

某汽车厂商需要从位于德国的总部将汽车部件运至中国生产基地。货物体积庞大，需要通过海运运输，运输时间需要考虑生产安排。

第一步，汽车厂商进行航线筛选。

首先了解德国总部与中国生产基地之间的航线情况，由于该航线是远洋航线，因此需要考虑航线的长度及货物的重量和体积。另外还需要考虑到船公司和包含的中转港口、航班计划、运输时间、费用等方面的因素。

经过筛选，确定了以下航线：

①上海→汉堡→慕尼黑→上海。

②上海→汉堡→南安普顿→上海。

③北京→汉堡→南安普顿→北京。

④北京→慕尼黑→南安普顿→北京等。

第二步，汽车厂商进行航线评估。

在确定了可选航线后，从货物体积、重量、运输时间和费用等方面进行综合评估和比较，选出最优方案，最终确定了"上海→汉堡→南安普顿→上海"的航线方案，原因是：

①该方案整条航线中转次数较少，从而可以保证运输时间的准确性和运输安全。

②该方案能提供预计的航行时间，以及最终到达目的地所需的时间，使得公司能更好地安排生产计划。

③该方案费用相对较低，能给公司带来相对较高的利润空间。

通过上述案例可以看出，在国际运输实务中，航线的选择是一个非常复杂的过程，需要考虑很多因素，如航线长度、中转港口、运输时间、费用等，需要具备专业的知识和一定的经验才能有效选线。

1.1.6 把握基本的财税知识为谈单奠基

外贸人员需要知道的是，外贸企业的会计核算对象是外贸企业进出口商品流转过程中的资金运动。在出口经营活动中，企业销售出口商品，获得外汇，然后按照国家规定与银行结汇；在进口经营活动中，企业要用人民币向银行购买外汇，用来对外支付货款。

接下来，简单了解一些常用的、基础的财税知识。

1. 结售汇、收汇和付汇

结售汇是结汇与售汇的统称，结汇是指将收到的外汇结算为本国货币；售汇又称购汇，是用本国货币购买外币（从银行的角度来看即为售汇），购汇之后便可根据实际交易情况完成付汇操作。

对比可知，结汇通常发生于外贸企业经营的进出口业务中，而售汇则发生在企业或个人需要对外支付外汇时。在进口业务中，外贸企业或个人需要向境外支付货款时，用本国货币向银行购买外币的行为也是一种售汇（或购汇）的表现。

收汇指外贸企业或个人因出口货物或提供服务而产生的应收账款，从境外汇入境内指定收汇银行的外币账户的过程。因此，收汇相当于"收款"，不包括将外币转换为本国货币的过程。

付汇指经批准经营外汇业务的金融机构，根据有关售汇及付汇的管理规定，审核用汇单位和个人按规定提供的有效凭证和商业单据后，从用汇单位或个人账户中划拨或将其购买的外汇向境外支付的行为，相当于"付款"，不包括将本国货币转换为外币的过程。

2. 国际常用货币及其简写符号

我国货币的国际代码为 CNY，即人民币，国际上也用 RMB 作为非正式缩写。为了精准定价，避免因货币理解不正确导致合同纠纷，外贸人员有必要熟知常用的外币名称及其简写符号，见表 1-5。

表1-5　常用的外币名称及代码

外币名称	单位	货币代码	外币名称	单位	货币代码
美元	美元	USD	韩元	韩元	KRW
欧元	欧元	EUR	日元	円	JPY
英镑	英镑	GBP	阿联酋迪拉姆	迪拉姆	AED
澳大利亚元	澳元	AUD	沙特里亚尔	里亚尔	SAR
新西兰元	新西兰元	NZD	匈牙利福林	福林	HUF
新加坡元	新加坡元	SGD	兹罗提（波兰）	兹罗提	PLN
瑞士法郎	瑞士法郎	CHF	丹麦克朗	克朗	DKK
加拿大元	加拿大元	CAD	瑞典克朗	克朗	SEK
林吉特（马来西亚）	令吉	MYR	挪威克朗	克朗	NOK
卢布（俄罗斯）	卢布	RUB	土耳其里拉	里拉	TRY
南非兰特	兰特	ZAR	墨西哥比索	比索	MXN
泰铢	铢	THB	—	—	—

外贸人员熟知国际常用货币及其代码，可以在促成交易的过程中准确把握产品价格，避免陷入合同纠纷。

3. 汇率标价法

汇率是一种货币与另一种货币兑换的比率，也可以理解为用一种货币表示另一种货币的价格，所以也称汇价。

由于境内外贸企业与境外客户开展外贸交易时，必然涉及货币的换算，因此，外贸人员有必要了解汇率标价法。常见的标价法有三种：直接标价法、间接标价法和美元标价法。

直接标价法是以一定单位的外币作为标准，折算为本币表示汇率的方法。比如，对于我国外贸企业来说，与欧洲国家的公司开展经济业务，汇率的直接标价法就为EUR××=CNY××。

间接标价法是以一定单位的本币为标准，折算为一定数额的外币表示汇率的方法。比如，我国外贸企业与欧洲国家的公司开展经济业务，汇率的间接标价法就为CNY××=EUR××。

美元标价法又称纽约标价法，是指在纽约国际金融市场上，除对英镑用直接标价法外，对其他外国货币用间接标价法的标价方法。美元标价法目前是国际金融市场上通行的标价法。

4. 出口成本核算

出口成本核算主要包括出口商品的进货成本加上出口前的一切费用和税金。用计算公式表示出口成本如下：

出口商品总成本（退税后）= 出口商品购进价格（含增值税）+ 定额费用 − 出口退税收入

定额费用 = 出口商品购进价格 × 费用定额率

退税收入 = 出口商品购进价格（不含增值税）× 退税率

其中，定额费用一般包括银行利息、工资支出、邮电通信费用、交通费、仓储费、码头费和其他管理费用；费用定额率一般为5%~10%，由各外贸公司按照不同的出口商品实际经验情况自行核定。

5. 出口报价策略优化

外贸企业需灵活运用贸易术语。比如，在FOB报价中明确费用划分，如THC（码头处理费）、文件费等由谁承担，避免后续发生争议；又或者在CIF成交条件下，通过货代锁定海运成本，控制利润，同时为客户提供"门到港"服务，降低客户决策门槛；EXW方式适合资深买家自提，可以避免因物流问题影响企业的收款。

也可利用阶梯定价与利润加成策略。阶梯定价根据订单量调整利润率，比如产品1 000件以下利润率20%，1 000件以上利润率15%，依此类推。如果市场竞争激烈，可以降低利润至行业底线，但必须确保覆盖成本。同时，要在报价中预留汇率波动空间，比如增加3%的利润率用于缓冲。

利用海关数据优化定价。通过海关数据查看各市场的进口量、出口量和成交价格，了解市场供需情况，通过分析成交价格范围和客户类型，识别出对价格敏感的市场；然后与竞争对手的主要市场、成交价格和出口量等进行对比，得出适合自己的定价策略。

6. 出口退免税备案

出口企业或其他单位首次向税务机关申报出口退（免）税，应向主管税务机关办理出口退（免）税备案。

新成立的外贸型出口企业如何申请办理出口退（免）税备案？出口企业或企业单位备案登记的内容发生变更时该怎么处理？经营融资租赁货物出口业务的企业如何办理退税备案手续？不同情形下办理出口退（免）税备案手续，需要提供哪些资料？对于这些问题，外贸人员可以进入国家税务总局官网查询，下面介绍操作步骤。

进入国家税务总局官网首页，在"纳税服务"栏中找到"办税指南"入口，单击该选项卡，如图1-2所示。

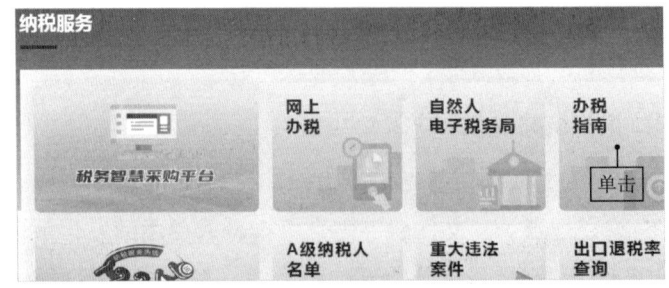

图1-2　单击"办税指南"选项卡

在打开的"办税指南"页面即可看到包括出口退（免）税在内的各种税务申报指南，如图 1-3 所示。外贸人员按需查找即可。

图 1-3 在"办税指南"页面查找相关信息

7. 关税

关税一般属于国家最高行政单位指定税率的高级税种，对于对外贸易发达地而言，关税甚至是财政的主要收入来源。根据不同的征收方式，有从价关税、从量关税、混合关税、选择关税和滑动关税这五种。

从价关税是指以进出口货物的价格作为标准征收的关税。从量关税是指依照进出口货物数量的计量单位（如吨、箱等）征收的定量关税。混合关税是指对进出口货物进行从价和从量混合征税。选择关税是指对同一种货物在税则中规定从量、从价两种关税税率，在征税时选择其中的一种进行计征。一般情况下，在两种税率中，选择税额较大的征收。滑动关税是指关税税率随着进出口商品价格变动而调整的一种税率形式。

根据我国关税税率的相关规定，税率主要分为六种：普通税率、最惠国税率、协定税率、特惠税率、关税配额税率以及暂定税率，具体可查看《中华人民共和国关税法》的相关规定。

一般来说，外贸人员不需要掌握关税税额的核算，因为在开展进出口贸易时，海关系统会自动算出。但是，关税的征收管理规定中也有需要外贸人员特别留意的地方，比如纳税申报时间，在本章前述报关知识中已提及。

另外，纳税义务人应当自海关填发税款缴款书之日起 15 日内向指定银行缴纳税款。纳税义务人未按期缴纳税款的，从滞纳税款之日起，按日加收滞纳税款万分之五的滞纳金。纳税人按照规定缴纳税款后，由海关制发缴款凭证。

纳税人因不可抗力或者在国家税收政策调整的情形下，不能按期缴纳税款的，经依法提供税款担保后，可以延期缴纳税款，但是最长不得超过六个月。

外贸人员还可以参考《中华人民共和国关税法》和其他税收政策，了解更多关于关税的知识和规定。

1.1.7　行业法律详解：对美贸易法规与全球合规要点

对美贸易法规主要体现在出口管制和关税反制等方面。

（1）出口管制

涉及的法规包括《中华人民共和国出口管制法》《中华人民共和国核出口管制条例》《中华人民共和国两用物项出口管制条例》等。

管制物项范围涵盖位于美国境内的所有物项，所有原产于美国的物项，含有超出特定比例的美国成分的外国产品，外国使用美国原产技术或软件生产的特定"直接产品"，以及由位于美国境外的大型设备或其主要组件生产的商品。

（2）关税反制

根据实际情况，在恰当的时间对美采取恰当的关税调整措施，比如加征关税，又或者根据发布的《中美日内瓦经贸会谈联合声明》，相应修改

《税委会公告 2025 年第 4 号》规定的对美商品加征的从价关税。

全球合规要点包括但不限于以下内容：

遵守各国贸易法规：企业需遵守美国及外国的反腐败、反洗钱、出口管制、制裁及其他贸易法规。比如，禁止企业及其员工、代理人、临床研究机构、供应商、承包商等合作伙伴直接或间接地向公共或私人部门的接收者提供或索取贿赂、不当支付或其他有价值的东西。

重视税务合规：跨境电商企业需构建税务合规体系，如利用销售税自动计算工具、进行关税合规管理、遵守 VAT 规定等。

加强知识产权保护：企业应积极注册知识产权，如商标、专利等，并在产品上市前进行自由实施分析，建立专利无效保险机制，以应对知识产权侵权风险。

关注数据隐私合规：处理数据过程中，需遵守 CCPA、GDPR 等数据隐私法规，部署 Cookie 同意管理工具，建立数据泄露响应预案，签订数据处理协议等。

确保支付合规：申请相关牌照（如 MSB 牌照），部署 AI 交易监控系统，建立客户 KYC 流程，以防范洗钱等金融犯罪风险。

注意广告合规：广告宣传时，要遵守 FTC 的相关规定（如网红营销需正确标注广告内容），避免使用绝对化用语等，确保广告素材合规。

遵守进口法规：了解并遵守美国进口法律，包括 OFAC 执行的法规，确保进口货物符合关税编码、原产国、安全性等要求。

参与 C-TPAT 等计划：遵守海关—贸易伙伴反恐计划（C-TPAT）标准，加快货物处理速度，提高边境安全。

1.1.8　了解一些我国与欧美市场之间的外贸政策

我国外贸企业从事外贸活动，很多时候会与欧美等地区的企业合作，其中牵涉很多外贸政策，外贸员需要了解我国与欧美地区的外贸政策，从而规避风险。可以进入中华人民共和国商务部官网查询具体的文件内容，由于政策会不定时变动，因此下面介绍的政策内容仅供参考，实际工作中外贸员需以最新规定为准。

1. 欧美市场对我国采取的外贸政策

以下是一些欧美市场制定的外贸政策，其中不乏专门针对我国出台的，外贸员要做好了解。

（1）美国削弱中国对电动汽车供应链的控制

为了削弱中国对电动汽车供应链的控制，美国的主要政策是支持石墨工厂。

美国能源部向澳大利亚 Novonix 公司提供 7.55 亿美元贷款，用于在田纳西州查塔努加建设北美首个大型合成石墨工厂，预计 2028 年满产时可年产供 32.5 万辆电动汽车使用的石墨。此外，通用汽车与挪威 Vianode 签署了价值数十亿美元的多年期协议，由 Vianode 从 2027 年起为通用与 LG 合资的 UltiumCells 提供合成石墨阳极材料，协议持续至 2033 年。

（2）美国禁止在互联网汽车中使用中俄产零部件

美国禁止使用中俄产硬件与软件的互联网汽车上路。2030 年起禁止进口中俄车辆连接系统硬件（含蓝牙、蜂窝及卫星组件），2027 年起禁止中俄自动驾驶软件。美国商务部还将禁止与中俄有"足够联系"的制造商在美销售互联网汽车。

（3）沃尔玛与美团合作推进在中国的电商销售

2024 年 12 月，沃尔玛与美团合作推进在中国的电商销售。沃尔玛称，已与美团结成战略合作伙伴关系，其商品将在美团购物配送平台上进行销售。该业务占沃尔玛在中国销售额的近一半，有助于沃尔玛加快在中国的电子商务业务发展。

（4）开通湖北鄂州→奥斯陆的货运航线

2025 年 1 月 14 日，湖北鄂州至挪威奥斯陆货运航线正式开通。挪威机场管理局方面表示，新航线为挪威提供更快、更高效进入中国市场的通道，是挪威海鲜出口的里程碑，也是挪中两国有力合作的重要实践。挪威经该航线进口的货物主要为快递包裹，回程货物主要为海鲜。

（5）希腊制药业大规模投资政策

希腊制药工业协会主席表示，希腊制药业正在进行大规模投资，预计到 2026 年投资额将达到 15 亿欧元，将满足希腊 70% 的制药需求。希腊是欧盟 5 个最重要的药品生产中心之一，药品已成为希腊第二大出口产品，销往 147 个国家。

（6）希腊北部最大港市——塞萨洛尼基的港口规划

2025 年 2 月 12 日，塞萨洛尼基港务局执行主席利亚科斯表示，塞萨洛尼基港口总体规划于当日获总统令批准，为港口建设许可铺平了道路，开启了塞港升级发展的新纪元。该项目将进一步提高港口的竞争力和商业活动，显著提升港口的国际排名，并使港口能够停泊 24 000 标准箱的干线集装箱船。

（7）欧盟碳边境税政策

欧盟碳边境税（CBAM）适用范围缩小，相关政策利好中国钢铁、铝制品出口。

（8）欧盟对中国硬木胶合板的不公平贸易壁垒

欧盟对中国硬木胶合板征收 62.4% 临时反倾销税。

（9）欧洲地区强化本地化运营

鼓励中方企业在波兰、匈牙利等中欧枢纽设厂，享受当地 9% 企业所得税优惠。同时，采用"中欧班列 + 海外仓"模式，降低 30% 物流成本。

（10）波兰家电行业的发展

波兰家电行业形势好转，保持世界第二大白色家电出口国地位。2024 年 12 月 17 日，根据波兰家用电器雇主协会（Applia）数据，波兰家电行业产量回升，2024 年 1~10 月，大型家电产量同比增长 3.9%。报道称，虽然近两年来波兰家电销量有所下滑，但其仍保持世界第二大白色家电出口国、欧洲最大家电生产国地位。业界预计，2025年波兰家电行业将恢复温和增长。

2. 预防欧美市场变动给我国外贸企业带来的风险

欧美市场针对我国出口产品做出的限制性政策，以及欧美市场自我发展的现状，都在提醒我国外贸企业做好外贸风险防范措施，包括但不限于以下：

供应链去美化：识别产品中的美国技术成分，如半导体设备、EDA软件等，通过国产替代降低依赖度，确保美国成分价值占比低于管制阈值。比如，封测企业通过本土设备替代，规避原产地规则限制。

技术研发投入：加大AI、量子技术等前沿领域自主研发，减少对美国技术许可的依赖。比如，部分芯片企业转向自主设计架构，避开美国技术路径。

合规体系强化：依据美国《出口管理条例》（EAR）审核产品成分，确保非管制物项中美国成分不超过最低比例，如25%、10%和0等标准，同时建立物料清单动态追踪机制，避免无意触发管制。排查合作方是否被列入"实体清单"，禁止向清单内实体提供两用物项，同时使用自动化工具监控交易链中的最终用户和用途风险。增设合规承诺条款，要求交易方保证不违反美国的出口管制。

动态风险监控：关注欧美市场新规及中国反制措施，如稀土出口管制，参与行业协会信息共享平台，获取实时政策解读。针对突发清单列入事件，预设技术授权转移、客户切换等方案，比如，部分企业预留30天库存缓冲期应对物流延误。

市场多元化：降低对欧美出口的依赖，拓展欧盟、东南亚等替代市场，分散政策风险。比如，轮胎企业通过开拓新兴市场抵销"双反"关税冲击。

供应链重构：将高敏感生产环节转移至第三国（如东南亚），规避原产地限制。或者建立区域性保税仓储，灵活应对物流中断。

贸易术语优化：采用EXW（工厂交货）或FOB（船上交货）条款，由买方承担关税风险。

行业差异化重点管理：半导体行业，加速国产光刻机替代，发展 Chiplet 技术，应对欧美市场实施的设备 /EDA 软件管制、HBM 限制。人工智能行业，构建国产算力集群，采用开源框架，应对欧美市场实施的算力芯片禁运以及引起的模型开发受限风险。稀土行业，申请出口许可，开发深加工应用，应对出口管制清单扩大的风险。

应对欧盟监管趋严：提前布局 CE、EPR 认证，避免因 GDPR 数据合规问题受罚。

3. 我国对欧美市场采取的外贸政策

无论是出于防范欧美市场对我国外贸活动的限制风险，还是出于促进我国与欧美市场的外贸交易的目的，我国相关部门均制定了相应的外贸政策，外贸员需要对一些重要政策有所了解，简单介绍如下：

（1）中美关税博弈的反制措施

针对中美关税博弈，我国根据实际情况制定反制措施，比如 4 月 10 日起对美商品加征 34% 关税，涉及芯片、汽车零部件等敏感领域，首批豁免期截至 5 月 13 日。关税博弈情况缓解，我国局部缓和反制措施，比如 5 月 14 日起对美部分商品税率临时下调至 10%，暂停 24% 加征关税 90 天，释放谈判信号。

（2）欧盟钢铝关税政策与差异化反制

针对欧盟钢铝关税（25%→50%），中方协同采取差异化反制，避免双向挤压。

（3）电动汽车领域的价格承诺核心条款

在电动汽车领域，中欧就价格承诺核心条款达成一致，避免欧盟高额反补贴税。

（4）中法关于白兰地的贸易争端解决措施

针对白兰地争端，法国企业提交价格承诺申请，中方接受条款，化解贸易摩擦风险。

（5）中方拓展新兴贸易模式

拓展新兴贸易模式，如新型离岸贸易和数字与绿色贸易，前者 2025 年首次写入政府工作报告，支持自贸试验区发展离岸贸易，提供结算便利与税收优惠，对冲欧美市场波动风险。后者重点培育数字贸易和绿色贸易（如光伏组件），推动"新三样"（新能源汽车、锂电池、太阳能电池）出口占比提升至 15%。

（6）将美国多家实体列入不可靠实体清单

中方将多家美国实体列入不可靠实体清单，作为反制美国"国家安全泛化"和出口管制措施的一部分。

（7）中欧全面取消交往限制，开放市场

2025 年 5 月 6 日起，中欧同步取消相互交往限制，包括：

签证便利化：欧盟 11 国赴华单方面免签，中国试点"72 小时过境免签 + 电子口岸快速通道"。

支付结算提速：数字人民币与欧洲 TIPS 系统对接，跨境支付实现实时到账。

物流优化：新增 12 条中欧班列跨境电商专列（如西安—布达佩斯），物流成本降低 20%，时效提升 60%。

（8）设立欧洲企业"绿色通道"

中方为欧洲企业提供审批与准入便利，鼓励扩大对华投资与合作。

（9）扩大出口信用保险覆盖范围，支持开拓欧洲市场

2024 年 11 月，中华人民共和国商务部发布《促进外贸稳定增长若干政策措施》，其中提到扩大出口信用保险覆盖范围，支持专精特新企业开拓欧洲市场。这里的专精特新企业是指具有专业化、精细化、特色化、新颖化特征的中小企业。

（10）2025 年关税调整方案

调整部分商品关税税目，保持总税率 7.3% 不变。同时，新增纯电动乘

用车、锂辉石等税目，优化出口商品结构。

4. 我国如何主动规避欧美市场带来的风险

我国外贸管理机构可以从哪些方面主动规避风险呢？

市场准入与合规强化：一是制度型开放深化，比如扩大金融领域自贸区试点，允许外贸金融机构开展新金融服务，缩短审批时限至 120 天内；或者推动 AEO 国际互认，提升跨境通关效率；二是出口管制反制，比如扩大稀土管制范围（钐、钆等七类），医疗用途需申请豁免。

区域协同与风险对冲：一是新兴市场替代加速，可以引导企业拓展波兰（建材）、巴西（汽配）等订单增长 80% 以上的市场，降低欧美依赖，也可以做好东南亚供应链布局，转移高敏感环节至越南、墨西哥，规避原产地限制；二是跨境人民币结算升级，比如强制要求跨境贸易人民币结算比例提升至 40%，降低汇率风险。

反制措施：对欧盟电动汽车反补贴税（最高 36.3%）提出交涉，要求停止不公平贸易限制。

欧盟碳关税应对指南：要求出口企业建立碳排放核算体系，获取绿电认证，如 I-REC 证书。钢铁、铝等行业需在 2025 年底前完成欧盟 CBAM 平台注册。

近期风险预警：一是美国政策波动，2025 年 5 月 30 日美方威胁将钢铝关税提至 50%；二是物流成本上升，美国取消 800 美元免税门槛，直邮小包成本增加 20%~30%。

1.2　外贸拓展客源渠道要知道

外贸公司经营期间需要不断拓展客源，以扩大产品市场，争取更多收益。但是拓展客源并没有那么简单，外贸人员需要找准拓展渠道，提高寻找客源的效率。

1.2.1　B2B 在线平台吸引潜在客户

如果外贸公司没有能力自行创建网站，可以通过一些专门的 B2B 平台发布产品信息，或者创建自己的商铺。这样，客户就能通过搜索发现公司的产品或者服务，从而吸引潜在客户下单。

表 1-6 列举了一些常见的 B2B 电子商务平台。

表 1-6　常见的 B2B 电子商务平台

平台名称	简　介
中国制造网	该 B2B 平台用户众多，产品种类丰富且分类明确，能让潜在客户快速找到所需产品。同时还提供展会信息，让潜在客户能更直接地联系卖家，因此成为很多中小型企业的选择
阿里巴巴批发网	该平台是全球 B2B 电子商务著名品牌，为天下网商提供海量商机信息和便捷安全的在线交易市场。从海量商品中甄选热销新品、优质好商品，为买家采购批发提供风向标
慧聪网	慧聪网是中国 B 端企业服务商和行业门户，拥有海量产业用户沉淀和数据积累，覆盖 60 多个行业。该平台通过产业互联网工具输出连接服务，支撑生意场景，致力于成为中小企业的经营服务工作台
阿里巴巴国际站	该平台是一个全球性的国际外贸出口和海外 B2B 跨境贸易的专业平台，平台上每天都会发布大量跨境采购需求，同时为中小企业提供跨境商机匹配和国际贸易担保交易等服务
Tradewheel	Tradewheel 是全球性的 B2B 电商平台，致力于为全球用户提供一站式外贸解决方案，包括在线旺铺、数字化推广服务和国际销售经理服务。该平台的服务模式与传统 B2B 平台有所不同，不仅提供在线旺铺服务，还通过搜索引擎优化和国际社交媒体营销来提升企业的官网引流和曝光率。另外，平台还承诺提供优质 A 级买家，并由国际销售经理协助跟进客户，直到订单成交
亚马逊 Business	亚马逊 Business 是面向企业客户的商城，主要销售的是工厂、医院、学校和办公室等需要的各类物品。亚马逊 Business 基本上就是 2012 年推出的亚马逊 Supply 的改版

外贸公司通过 B2B 在线平台吸引客户时，一定要注意产品信息的清晰和详尽，包括：

①产品名称一定要精准，确保潜在客户能通过搜索引擎找到。尤其是将产品名称翻译成外文时，更需要注意翻译的正确性。

②产品的描述要全面，但也要注意详略得当，要突出产品的特点，引起潜在客户的询价兴趣。

③设置产品价格时一定要参考网站其他供应商的报价，价格过高可能导致产品无人问津。

④产品的展示要多样化，选择展示的图片应美观、整齐，不仅要展示产品整体样貌，还要展示细节，以此获取客户的好感，从而增加客户询价的可能性。如果有必要，还可以上传产品视频，如制造工序和环境等。

那么，外贸公司通过 B2B 在线平台吸引潜在客户时，有哪些技巧可以参考呢？

①争取顾客，而不只是销量：外贸公司通过 B2B 在线平台吸引潜在客户，不能只关注当前的销售数据，还要考虑如何与客户建立稳固的关系，实现长久的合作。要将争取顾客作为最终目标，从而设定明确的关键绩效指标，如客户获取成本、客户保留率和客户满意度等。

②看淡失败，看到机会：在 B2B 交易中，谈判可能进行顺利，但可能会在某个阶段停滞，或者因为市场变化、业务需求调整而导致原本接近成功的销售最终失败，此时外贸人员要看淡失败，且从中看到新的机遇。比如，一个客户由于业务策略调整而突然放弃订单，此时外贸销售团队可以建议与技术或服务无关的产品，但这些产品能解决客户当前面临的问题或挑战。

③注重测试优化：在 B2B 平台上，外贸公司通过不断测试，了解相关活动、产品或者服务是否引起了目标受众的共鸣。通过比较不同的营销活动、内容或者渠道，可以确定哪些能带来更高的转化率或更好的回报率，这样有助于优化资源分配，且帮助外贸公司持续改进和创新。

④采用长尾关键词：使用长尾关键词是一种精准的搜索引擎优化策略，通过使用由三个或者更多词语组成的特定且具体的搜索查询词组，可以更精准地定位目标受众，从而提高转化率。而在确定关键词时，外贸公司需要考虑目标客户的特征、行业、预算情况、偏好和需求等。

⑤在线提供免费资料：这一动作可以给潜在客户留下良好的第一印象。

当内容具有实用性，能够解决潜在客户的问题或者痛点时，就很容易引起他们的注意并激发了解的兴趣。另外，外贸公司还可以借助这一动作向潜在客户展示专业知识和经验，提升潜在客户对公司的信任度，从而为建立长期稳定关系奠定基础。

当然，有些外贸公司可以通过搭建和优化自己的网站来吸引潜在客户，方便客户主动找到自己。然而，网站的搭建比较复杂，很多企业会请专业的技术服务公司完成。下面简单了解网站的搭建步骤。

①注册域名：如果有条件，企业尽可能购买域名，将域名所有权掌握在自己手中，从而更好地进行个性化的网站设计。所选的域名可以考虑使用行业名称或公司品牌的英文缩写或者全称，再搭配恰当的域名后缀，就能使域名富有行业特性或品牌特性；域名忌使用汉语拼音，可以考虑加入 global、international 等国际化词汇或加入贸易地区的本土缩写。另外，域名的后缀要具备本土化和通用性两个特点，其中 .com 是比较重要的国际化域名，但资源有限；.asia、.cn 等可以直接突出地区，其他常用的后缀名还有 .top、.tech 和 .trade 等。

②确定网站主题：为了更好地吸引潜在客户，外贸公司应确定网站的主色调、结构以及主次内容等，从而确定网站的风格。要确定网站主题，可以从一些问题着手考量：网站的主体是产品还是品牌？企业想给客户什么样的整体印象？企业对外贸易业务主要面向哪个地区和哪些人群等。

③制作网页：网页是网站的组成部分，精心制作网页可以有效体现网站内容，帮助公司向客户展示良好形象，并展现产品或品牌特色。

④推广网站：公司创建好网站后，需要想办法提高网站的访问量，让更多人看到网站，从而吸引和挖掘潜在客户。推广网站的方法有很多，比如在社交平台或者自媒体上分享网址。流量较大的平台有 LinkedIn（领英）、Facebook（脸书）和 Twitter（推特）等。

⑤优化维护网站：随着经济市场不断变化，客户需求也在不断改变，因此网站内容也应跟随市场变化进行相应调整。这就需要外贸公司不断优

化网站内容。同时，为了尽可能避免客户无法从网站获取信息的问题，相关人员还需要及时维护网站运行，避免客户流失。

信息拓展 申请域名的平台有哪些

百度智能云、腾讯云和阿里云等，都提供了申请域名的服务。图 1-4 是阿里云的域名注册平台，提供域名查询、注册和交易等服务。

图 1-4　阿里云的域名注册平台

1.2.2　利用展会主动出击找客户

外贸公司可以适当参加一些与自营产品一致的展会，在展会上寻找客户。为了提高主动出击找客户的成功率，外贸人员首先要做的事情就是明确目标客户群体，包括对潜在客户的行业、地域、公司规模和采购需求等方面的深入了解，这样才能在展会中更有针对性地开展工作。

其次，展会之前，外贸公司可以通过行业网站、社交媒体等多种渠道进行活动宣传推广,提高展会期间公司的曝光率,为展会现场积累人气。那么,如何在展会上主动出击寻找客户呢?

1. 走出展位,拜访目标客户

如果条件允许,可以在参展前确定一些可能对公司产品感兴趣的目标客户,并提前了解其是否参加展会。然后在展会期间安排参展人员准备好专业的宣传资料和名片,主动到现场走动。一旦发现目标客户,应主动前往他们的展位或休息区拜访,诚恳地介绍公司的产品和服务,了解客户需求,并邀请客户到公司展位进一步交流。

2. 打造专业的展台形象

展台的布置和设计是吸引客户目光的关键,一个专业、美观且符合企业形象的展台能给客户留下深刻印象。比如,可以增加一些醒目的标识、彩色灯光或者动态展示元素;设置一个大小合适的 LED 显示屏,播放公司产品的宣传视频或动态演示;或在展位周围摆放一些引人注目的展品,如新款产品或主推特色产品。

图 1-5 为某公司在展会上设计的展台,用于放置特色产品。

图 1-5　展会展台布置

3. 举办互动活动

外贸公司可以在展位上举办一些互动活动，如抽奖、小游戏或产品演示，以吸引潜在客户前来参与。这些活动不仅能提高推广力度，增加展位的趣味性和吸引力，还能为与潜在客户产生交流提供机会。

比如，可以在展位上设置一个抽奖箱，此时可以结合让来访客户填写问卷调查以及提供名片或联系方式等活动。告知客户，只要其留下名片或填写一份简短的问卷，就可以参与抽奖活动。

另外，可以在展位上举办一个小型的产品知识问答游戏，并与赠送小礼品的方式结合，获胜者可以获得这些礼品。同时，也可以直接向来访客户赠送礼品以获取对方的联系方式。

4. 提供展会优待项目

外贸公司可以通过展会向现场客户提供一些特别的优惠和待遇。比如，宣布在展会期间下单的客户可以享受一定的折扣；或者向在展会期间下单的客户提供免费的保险服务；又或者向展会期间下单的客户提供免费的样品等。

外贸公司如果想主动找到意向客户，就应该选择有针对性的展会或者贸易会议参展，以保证最大限度接触到潜在客户群体。

1.2.3 利用搜索引擎找客户联系方式

外贸人员可以使用一些常用的、收录了海量信息的搜索引擎，快速寻找客户联系方式。

1. 用户使用排名第一的搜索工具

在搜索引擎的搜索页面，可以通过使用"产品关键词＋公司名称后缀（或者邮箱）"的组合词进行搜索，比如：LED Supply Co.| Wholesale Distributor of LED Lighting。

在搜索结果中，外贸员还可以根据 importers/buyer/wholesaler/retailer/

supplier 等关键词进行筛选，查看是否有客户在网站上发布需求，或者其网站上是否发布过此类产品，从而找到一些潜在买家。

2. 搜索工具对应的地图搜索

一些搜索工具会提供电子地图服务，借助这些搜索工具的地图服务，外贸人员可以搜索到企业的名称、地址、电话、官网和企业内外部的实景状况等信息。不仅如此，还能搜索到一些没有官网的小企业，这对企业开展外贸业务很有助益。

3. WhatsApp

WhatsApp 是 Mate 旗下的一款跨平台的即时通信软件，是外贸人员最常用的即时沟通工具之一。

外贸人员可以通过多个渠道搜索 WhatsApp 号码，例如在线地图；也可以通过 WhatsApp 助手采集社媒平台的个人号码或寻找群组。

该通信软件还与"网易外贸通"平台关联，外贸人员可以在平台上开通账号，登录后即可通过搜索引擎查找。使用者在 WhatsApp 搜索引擎的搜索框中输入"目标国家＋产品词"，就能自动从 20+ 全球社交媒体平台上获取潜在客户的社媒账号、邮箱等信息。随后进入客户详情页即可查看更多信息，包括客户的官网、联系电话和公司简介等信息。

其中，公司简介信息包括采购总监、供应链经理等关键决策人的姓名、职位、邮箱、电话和社媒等，以及该潜在客户的贸易数据分析。

还有一些在线行业目录汇总了特定行业的网站列表，外贸员可以借助搜索引擎搜索所在行业的"行业名称＋目录"，比如搜索假发商业目录，输入 wigs business directory，就可以找出假发类的商业目录，从而间接找到相关客户的信息。

另外，AI 也可以辅助外贸企业进行客户筛选与分析。其中，筛选类的 AI 工具有孚盟 CRM、Ciro（西罗）和 OKKI 等；而客户分析类的 AI 工具有 DeepSeek（深度求索）、腾道数据、Google Analytics（谷歌分析工具）、和 Power BI（Power 商业智能）等。另外还有客户跟进类，如网易外贸通等。

1.2.4　社交媒体挖掘客户技巧

社交媒体是人们用来创作、分享、交流意见和经验的虚拟社区和网络平台。因此，外贸人员可以通过社交媒体找到其他用户分享的内容，其中不乏外贸客户信息。

这样看来，利用社交媒体是吸引潜在客户并引发对话的有效途径。比如，在 Facebook、Twitter、Instagram、LinkedIn 和 YouTube 等海外社交媒体平台上进行产品或服务推广，可以吸引潜在客户，为订单转化提供流量支持。

然而，要想通过社交媒体成功吸引客户，简单的推广内容可能无法奏效。优质内容有助于吸引目标受众的关注，而社交媒体则能放大这些内容的影响力，无论是积极的还是消极的反馈。比如，如果你在 SEO（即搜索引擎优化）领域拥有深入的内容，并且这些内容已经吸引了潜在客户，将其发布在社交媒体平台上有助于扩大其影响范围，进一步吸引感兴趣的人，并创造更多交流、合作机会。

同理，如果你的内容没有获得预期的反馈，社交媒体也可能会加剧问题，因为更多人会实时目睹这一情况。由此可见，社交媒体就像一台扩音器。只有有效利用社交媒体平台，才能扩大品牌影响力，吸引潜在客户的关注，并建立有价值的业务关系。因此，在社交媒体平台上发布内容时，一定要确保内容优质。

使用者可以利用社交媒体分析工具来追踪表现，了解哪些内容受欢迎，哪些发布时间效果最佳，以及哪类帖子引发了更多互动。这些信息能帮助外贸人员了解并优化社交媒体平台上的内容，从而更好地吸引潜在客户。

图 1-6 从左往右依次是 Instagram、Facebook 和 YouTube 的手机客户端首页图。

分别点击相应的按钮，即可发布动态。外贸公司可以借助这些平台发布与产品有关的信息或者活动详情，从而吸引潜在客户。

图 1-6　各类社交媒体平台首页图

1.2.5　巧用邮件营销寻找客户

邮件营销是一种比较传统的外贸客户开发方法，至今仍被许多外贸公司采用。尽管存在送达率低、退信率高、效果不显著等问题，但可以采取一些方法来提升邮件营销的效率，比如有针对性地发送开发信。

1. 搜索客户 Email 地址

外贸人员可以先通过搜索引擎搜索客户 Email 地址，此时需要借助一些简单的搜索指令，如引号（""）、OR、减号（—）、site、inurl 等，来找到海外目标客户的邮箱。

比如，在搜索引擎的搜索框中输入 email@gmail.com furniture company site:facebook.com 这一搜索指令，表示从 Facebook 平台上查找家具公司的 Gmail 邮箱地址。

想要显示更多的 Email 地址，可以把搜索结果页的数量由 10 调整为更大的数字，如 100。

2. 拷贝 Email 地址并验证其有效性

外贸人员可以将搜索结果页中的 Email 地址拷贝到 Excel 中存储起来。如果条件允许，外贸公司还可以在计算机中安装一些专业的插件，以实现自动从搜索结果页中提取邮箱地址，然后导到 Excel 文件中，这样更方便快捷。

注意，通过搜索引擎的搜索功能找到的 Email 地址，有很多可能是无效的。如果直接发送开发信，退信率可能会非常高，严重时公司的电子邮箱甚至可能被封。所以，发送前一定要检查 Email 地址的有效性，并及时删除不正确的 Email 地址。

实际工作中，比较常用的检测 Email 地址有效性的平台有 emailable 和 remove bounce，其网站首页分别如图 1-7 和图 1-8 所示。

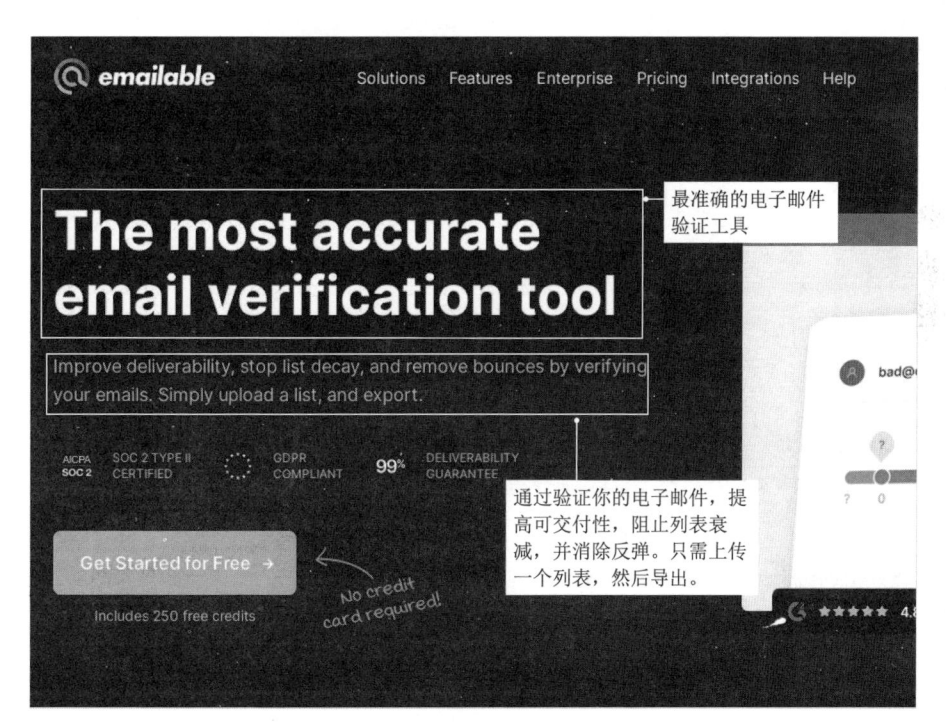

图 1-7　emailable 官网首页

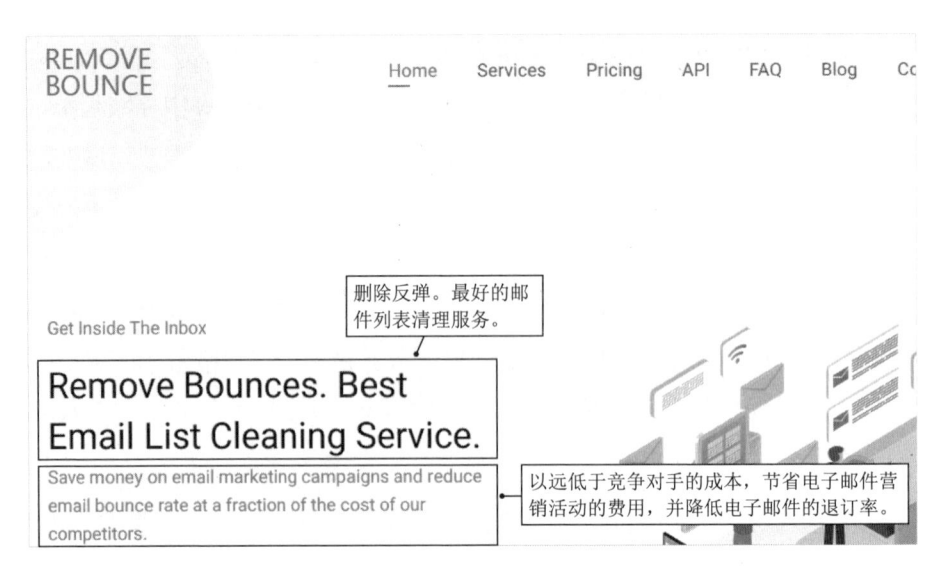

图1-8　remove bounce 官网首页

3. 向收集到的 Email 邮箱群发开发信

外贸员校验完 Email 地址后就可以群发开发信了。在群发电子邮件时，公司需要注册专业的邮箱账号，比如 Mailchimp，如图1-9所示。

图1-9　Mailchimp 的官网首页

注意，使用者每月有一定数量的邮件可以免费发送，超过这个数量，就需要付费了。如果外贸公司大量发送电子邮件给客户，可以自行购买或开发邮件群发器，或者上传到 Mailchimp 的服务器，由其帮助发送，顺便计算开信率和点击率等指标。

另外，外贸公司还可以利用"询盘云"管理系统实现邮件营销找客户的目的，因为询盘云内置了"EDM"（即电子邮件直接营销）模块，发件服务采用的是亚马逊 SES（amazon simple Email service），可以帮助外贸公司有效开展电子邮件营销活动。在使用询盘云的邮件营销服务之前，外贸公司需要注册并登录一个询盘云账号。

除此以外，还有一些电子邮件供应商可供选择，比如 mailerlite、Twilio Sendgrid、Sender 和 Brevo 等。

需要注意的是，不同平台发送电子邮件的效果可能不同，外贸公司可以使用多个平台进行邮件营销，提升邮件开发信送达客户的概率。通常情况下，审核越严格的平台，邮件营销送达率越高；反之，审核越宽松的平台，邮件营销送达率越低。

4. 提升邮件营销效果

前述内容是邮件营销找客户的相关入门操作，而邮件营销找客户的关键在于编写吸引人的邮件、优化发送策略、提升用户体验，并通过数据分析和持续改进来提高营销效果。

吸引人的营销邮件：设计吸引眼球的邮件主题，制作高质量的内容，且根据客户偏好进行个性化推送。比如，主题突出季节性元素，或者使用"刮刮乐"等发现式邮件，或者提供有趣的折扣通知等，可以提高邮件的点击率和转化率。

优化发送策略：根据目标受众的行为习惯和时区差异，确定邮件的最佳发送时间；调整发送频率，避免过高或者过低的频率导致用户忽视邮件或者感到被骚扰；多渠道整合发送，以覆盖更广泛的受众，增加邮件内容的曝光机会。

提升用户体验：对邮件设计简洁明了的布局，并根据用户偏好和行为习惯个性化邮件内容，确保邮件内容在移动设备上也能良好显示，提高用户的体验。

优化邮件营销策略：监控关键指标，如邮件打开率、点击率和转化率，进行数据测试和分析，了解目标受众的偏好和行为，跟踪用户，进一步优化邮件内容和发送策略。

5. 邮件营销的常用技巧

为了尽可能避免发出去的邮件石沉大海，外贸员需要掌握一些邮件营销技巧，具体可以从标题、邮件内容、邮件发送时间和频率、邮件追踪以及了解各国邮件风格等方面着手学习。

①标题：利用热点，将热点放到标题上。这种方法适合群发电子邮件，但为了不让客户看出来是群发，可以通过一些专门工具（如孚盟CRM）的群发单显功能，在向客户群发邮件时，客户看到的是邮件单独发给了自己，这样给予了客户被尊重的感觉。或者，邮件标题加入收件人姓名，如Hi Jason、Dear Neal、To Mr.Mike，以此提高邮件的打开率。又或者将邮件标题数字化，通过给客户施加紧迫感来吸引眼球，如"公司周年庆，全场三折起""老客户回馈，全场五折"等。

②邮件内容：邮件的正文可以告知优惠活动，营造紧迫感；可以暗示产品涨价趋势，促使客户下单；可以对标客户关注点，告知新品上线；可以突出品牌实力和产品质量，也可以是关于节日和假期的情感维护内容。另外，邮件的图片、格式等也会影响回复率。条件允许的公司，可以利用"孚盟AI助手"工具，根据需要，自动生成专业的、不同场景的、多种风格的优质邮件，比如开发信、产品介绍和节日祝福等场景。

③邮件发送时间和频率：大部分客户会在上班后的三个小时内处理邮件，在这段时间发邮件，可以提高被阅读和回复的可能性。

④邮件追踪：邮件发出去后，外贸员还需要了解外贸客户是否打开了

邮件、阅读了几次、什么时候阅读的，从而及时追踪外贸客户的阅读情况，了解客户的购买意向，提升成交率。有些外贸工具会提供"千里眼"功能，可以帮助外贸员追踪到关于客户的上述情况。如果发现邮件被打开却没有得到回复，此时外贸员就可以重点对这类客户进行二次跟进，提高回复率。

⑤了解各国邮件风格：了解各国邮件风格，可以提高邮件被打开的概率，促进成交。比如，欧洲人通常非常严谨，做事计划性很强，邮件风格偏一板一眼说事，条理清晰，给卖方明确的报价截止时间。此时可以在邮件中将推广内容用 Excel 或者 PDF 编辑好，再插入正文，插入时可以用一二三四条进行罗列。

1.2.6　通过商会或贸促会寻找客户

商会是商品经济的必然产物，一般指商人依法组建的、以维护会员合法权益、促进工商业繁荣为宗旨的社会团体法人。典型的商会是行业协会，是由同一行业的企业法人、相关的事业法人和其他组织依法自愿组成的、不以营利为目的的社会团体。另一种商会是地域性的，通常是由某地区的企业、公务人员、自由职业者和热心公益的公民自愿组成。

贸促会即国际贸易促进委员会，是对外贸易投资的促进机构。各个国家或者地区都有自己的贸促会。

那么外贸企业如何通过商会或贸促会来寻找外贸客户呢？下面通过一个案例来学习这种寻找外贸客户的方法。

实用范例　通过商会和贸促会寻找外贸客户达成交易

某地一家液压科技有限公司生产车间内，机器不停地运转，轰鸣声与胶皮的味道混合交织，工作人员正在进行高压管的脱胶工作。相关人员表示，公司接到订单后，需要根据接头算出高压管的长度，但由于带着的胶皮富有弹性，只有脱胶后压实，高压管才能更结实。订单完成后，经过打包、发货，将直接送到客户手中。

这个简单的经营模式对于该公司来说并不简单。公司成立初期，产品需要通过中间商销往其他国家，公司想要打开自己的销路，但始终没有突破。于是，公司主动找到市贸促会，通过"企业下单我跑腿"服务，成功为该公司解决了难题。

"企业下单我跑腿"是该市贸促会精心打造的为企服务品牌。市贸促会以企业需求为导向，利用商会平台做链接，为有合作意愿或市场拓展计划的会员企业牵线搭桥，扩宽对外合作渠道，解决进出口难题。

进出口公司下诉求订单，贸促会跑腿，完成订单。一方面，市贸促会将该液压公司引荐到该市网商协会，协会第一时间帮助公司对接外贸资源，开拓海外市场。这样，出口公司可以在境外市场发展自己的经销商和代理商，产品不用通过中间商就能直达客户手中。另一方面，市贸促会将当地某会展有限公司推荐给液压公司，促使液压公司成功参加了全球三大展会之一的阿布扎比展会，会展公司为液压公司联系国外组委会，合理规划并挑选了优质展位，为液压公司参展降低了成本。

最终，液压公司凭借其突破性的工艺技术和优越的产品性能，在展会上赢得了各国新老客户的高度关注。

由此可见，通过商会、贸促会或行业协会，外贸公司可以了解该行业的一些制造商、经销商和用户的情况，从而更好地开拓区域市场。

那么如何知道各个国家都有哪些境外商协会或者商会呢？可以参考商务部提供的信息，进入中华人民共和国商务部官网，在首页"热点专题"栏中找到"外贸促进"选项，单击该选项卡，如图1-10所示。

在打开的页面中，不仅可以查看境外商协会信息，还能查看重点贸促活动信息，单击相应标题超链接，如图1-11所示。

在打开的页面中即可查看具体的商协会信息，见表1-7。

图 1-10 找到"外贸促进"选项

图 1-11 查看境外商协会和重点贸促活动信息

表 1-7 商协会信息

序号	国家或地区	行业协会	联系方式
北美洲			
1	美国	消费者品牌协会	电话：+15713****** 网址：https://consumer×××.org/
2	美国	美国分包商协会	电话：+17036****** 网址：https://www.asaon×××.com/
3	美国	美国采暖、制冷与空调工程师协会	电话：+14046****** 网址：http://www.ash×××.org/
欧洲			
4	希腊	希腊商业与企业家联合会	电话：+302103****** 网址：https://esee.gr/en/×××
5	希腊	希腊—中国经济合作商会	电话：+302103****** 邮箱：***@gcec.gr

45

当然，外贸公司也可以通过搜索引擎直接查询某个国家或地区的进出口商会或者贸易协会，具体操作：

在搜索框中输入"国家名称+importers Association"组合词，类似关键词还有 trade promotion 等。

除了本章前面介绍的客户开发工具和途径，还有其他客户开发工具可以运用，比如一些视频网站和 App，如 vimeo、TikTok 等；一些博客网站，如 Tumblr；以及一些社交媒体网站或社交新闻站点，如 Vkontakte、Reddit、Ask.fm 等。

下面简单介绍跨境电商 TikTok、Shopee、Lazada 平台引流技巧，见表1-8。

表1-8 跨境电商平台引流技巧

平台名称	引流技巧
TikTok	①明确账号定位：确定内容赛道，如美妆、宠物、搞笑、测评等；分析目标市场用户喜好，制定内容风格，保持统一头像、名称、简介和内容方向，提高账号识别度。 ②内容创作：视频前3秒要抓人眼球，节奏紧凑，保持在15~30秒内，提高吸引力和完成度；内容的类型可以是场景化种草、对比/反转类剧情或者教程类；紧跟平台趋势，贴近热点内容，结合自身定位进行二创融合。 ③发布时间和频率：冷启动前7天，每日保持1~2条内容；第8~30天，保持每天一条高质量视频；遵循黄金发布时间，中午12:00~13:00，晚上19:00~21:00，周末全天。 ④付费推广与红人营销：使用自然流量表现好的视频作为广告素材，设置7天转化窗口；与微网红合作，进行产品置换合作或联盟营销计划。 ⑤互动与评论管理：视频发布后30分钟内回复前20条评论，引导更多互动
Shopee	①优化产品信息：产品标题做到简洁明了，包含关键词，准确描述产品特点；产品图片质量高，多角度展示产品细节；详细且准确描述产品优势和使用场景。 ②利用平台功能：通过投放广告提高产品曝光率和点击率；参与 Shopee 的促销活动；将 Shopee 店铺与社交媒体账号关联，分享产品信息和活动信息。 ③提高店铺信誉：及时回复客户咨询和投诉，提供满意的解决方案；确保产品质量符合标准，提高客户满意度；鼓励客户评价产品，并及时回复评价。 ④打造爆款产品：关注市场动态和消费者需求，及时调整产品策略；通过创新设计、高品质材料和实用功能打造爆款产品
Lazada	引流技巧可以参考 Shopee 店铺引流技巧

实用范例 优化 Shopee 店铺提升曝光

李某原本经营一家本地手工艺品店，随着线下零售市场萎缩，她意识到需要寻找新的销售渠道。2025年，她决定将业务转向线上，并选择了 Shopee 作为主要的销售平台。初始阶段并不容易，李某面临激烈的竞争和缺乏线上营销经验的双重挑战。通过不懈努力和学习，她最终找到了适合自己店铺的营销策略，并成功将传统手工艺品店转型为线上畅销品牌。转型过程中，她对店铺的优化做了以下事情：

①精心设计店铺页面和产品列表，成功建立品牌形象，吸引了一批忠实客户。

②积极利用 Shopee 提供的各种营销和分析工具，如 Shopee 直播、Shopee 币、优惠券等，提升了店铺的曝光率和销售额。

③投入大量精力优化每个产品的图片和描述，提高了转化率。

④把客户服务放在首位，及时响应客户的咨询和问题，提供个性化购物建议，赢得了顾客的信任与好评。

⑤利用数据分析工具跟踪店铺的表现，了解顾客的购买行为和偏好，调整营销策略。

⑥通过优化店铺和产品的关键字，提高在 Shopee 搜索结果中的排名，吸引流量和销售。

第 2 章

高成功率客户开发有妙招

外贸人员为公司开发新客户时,可能会成功,也可能不成功。那么,如何提高成功率呢?这就需要外贸人员掌握相关的开发技巧,包括但不限于了解客户、编写吸引人的开发信、针对不同类型的客户采取不同的开发策略等。本章将详细探讨这些方法。

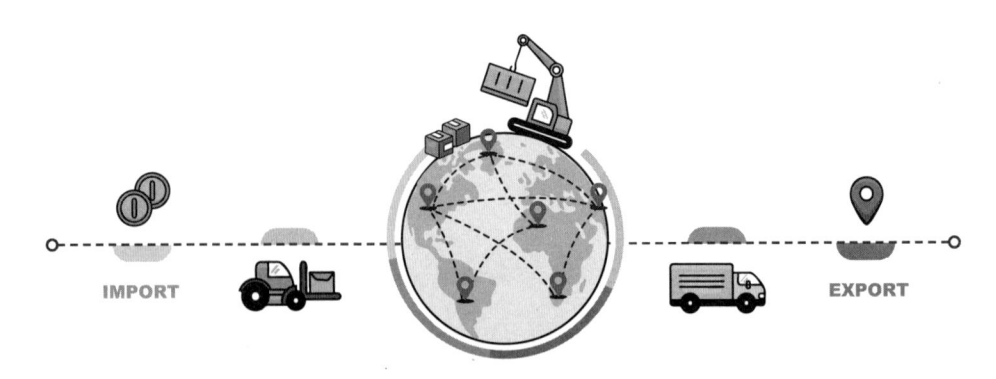

2.1 了解客户让开发更有针对性

外贸人员应该知道，客户开发工作不能盲目进行，否则很容易做无用功，既浪费时间，又没有找到客户。要想精准找到目标客户，外贸人员需要先了解客户信息。

2.1.1 调研工具升级：大数据与AI辅助客户分析

负责开发客户的外贸人员可以通过不同的渠道收集目标客户或者潜在客户的信息，包括互联网、交易会、展销会、境内外咨询公司以及相应期刊等。从工作效率和操作便捷性来看，互联网平台成为很多外贸从业者的首选，节省时间，效率更高。下面介绍一些比较常见的外贸信息查询平台。

1. 海关总署的数据在线查询平台

进入中华人民共和国海关总署官网，可以在首页"政务公开"栏找到"数据在线查询"入口，单击"数据在线查询"超链接，如图2-1所示。

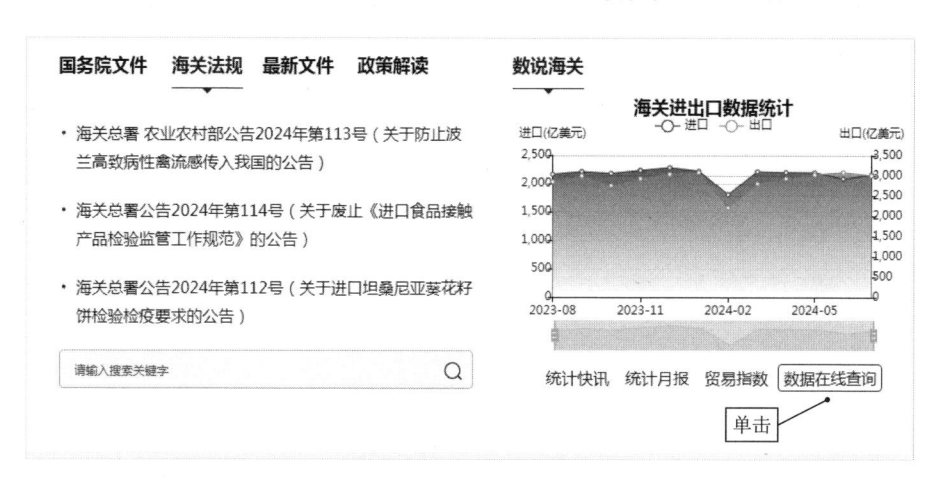

图2-1 进入海关总署官网找到"数据在线查询"入口

在打开的页面中，对进出口类型、进出口起止时间等进行设置，限定查询范围。同时，外贸公司可选择相应的输出字段进行分组设置，达到筛选查询的目的。图 2-2 展示的是通过商品、贸易伙伴、贸易方式和收发货人注册地这四个字段组合查询的结果。

图 2-2　设置查询字段得到查询结果

经过前述操作，外贸人员可以了解到相应商品在所选时间内的出口情况，包括出口区域、各区域出口数量和需求量分布等，由此可为外贸人员开发客户提供依据。

除可以查询具体的商品贸易信息外，该平台还提供了统计资料，包括进出口商品总值表、商品主要贸易方式量值表、对外贸易指数和关区统计数据等，外贸人员可以在平台首页"数说海关"栏中找到相应的入口，根据需要进行阅览、下载或者打印。

2. 联合国商品贸易统计数据库

联合国商品贸易统计数据库由联合国统计署创建，是目前全球最大的国际商品贸易数据型资源库之一，每年超过数百个国家和地区向联合国统计署提供其官方年度商品贸易数据，涵盖全球99%的商品交易，真实反映了国际商品流动趋势。

在该平台上，外贸人员可通过商品编码、出口区域、进口区域以及年份等条件搜寻对应的贸易数据，不过需要具备一定的英语能力。

3. AI辅助客户分析

DeepSeek是一款强大的AI驱动的数据分析工具，能够通过深度数据挖掘和实时市场分析，为外贸企业提供精准的市场预测、客户洞察和竞争对手分析。

阿里国际站AI麦可4.0是阿里国际站推出的一款外贸企业专属助手，能够在获客营销、产品关键词优化、语言翻译、商机跟进等多个维度为外贸企业提供支持。

OKKI AI是阿里国际站推出的另一款AI工具，面向全行业所有商家开放，覆盖外贸全链路，包括智能商品发布与管理、市场分析、客户接待、视频聊天实时翻译、企业管理等功能。

融界Link-X是一款由阳江广播电视台联合大湾区知名相关机构开发的AI外贸主动开发系统。该系统能针对特定产品，通过深度分析产业链结构，集成蓝海差异化客户数据库，一句话生成外贸邮件开发信，并一键发送，信息直接触达精准客户。

Insightio AI 是一款快速获取产品洞察的智能分析工具，能够帮助企业快速了解市场动态和客户需求。

除此以外，还有一些竞争对手分析工具，如 Browse AI，是一款基于 AI 的网页自动化软件，用户无须编码即可创建训练机器人从任何网站提取数据，帮助电商网站轻松监控竞争对手网站内容，了解市场动态；Prisync，是一款全球性的电商竞争对手价格跟踪软件，适用于各种规模的电商公司，帮助用户制定更具竞争力的价格策略。

信息拓展 Trade Map

> Trade Map 是国际贸易中心开发的工具，以表格、图表和地图的形式提供有关出口绩效、国际需求、替代市场和竞争市场的指标，以及进出口公司的目录，涵盖了上百个国家和地区以及上千种统一分类制度下的国际商品。

2.1.2 客户档案精细化管理：整理与分类技巧

外贸客户档案管理是外贸企业重要的管理工作之一，不仅要建立系统，还要在建档之前明确分类标准，这样有利于更好地管理和利用客户信息资源。实际工作中，外贸公司建立外商客户档案，主要包括三个环节。

1. 建立档案系统

在建立档案系统的过程中，首先需要确定档案的层级结构和分类标准，便于后期管理和查询。在确定层级结构和分类标准时，步骤如下：

①明确目标：外贸企业要根据自身经营特点和需求，确定分类标准的目标，比如，可以根据客户的行业分类、地域分类、销售额分类等多个维度结合划分。

②考虑分类标准的明确性和可操作性：外贸客户的档案分类标准应具有明确的定义和操作指南，方便外贸人员准确判断客户属于哪个类别，进而准确分类管理。

③考虑分类标准的灵活性和扩展性：外贸企业的业务发展和市场变化是不可预知的，因此，分类标准一定要具备灵活性和扩展性，方便工作人员随时调整和扩展客户档案，以适应新的业务需求和客户管理要求。

④明确分类标准的细化程度：客户档案分类标准的细化程度直接影响档案管理的精确性和实用性。过于细分可能导致管理工作复杂化，而不够细分又可能无法满足外贸公司对客户信息精细化管理的要求。

由此可见，无论分类标准最终是什么样子，都需要权衡各方面因素，能找到一个能适应外贸企业的业务发展和变化，便于调整和更新的分类标准就最好了。

除此以外，外贸企业在确定外商客户档案的分类标准时，还要考虑客户的基本信息、联系记录和合同文件等的分开建档问题，以便快速查找和整理。

其次，建立外贸客户档案系统还需选择合适的档案管理软件或工具，以提高档案管理的效率。所选择的管理软件或工具要保证帮助企业实现客户档案的全面管理和快速查询，并实现多人协作和权限管理，以提高工作的安全性和效率。

2. 整理客户信息

整理客户信息能帮助外贸人员更好地了解客户的需求和特点，同时也为建立外贸客户档案提供准确的数据资料。该工作主要有两个步骤，如图2-3所示。

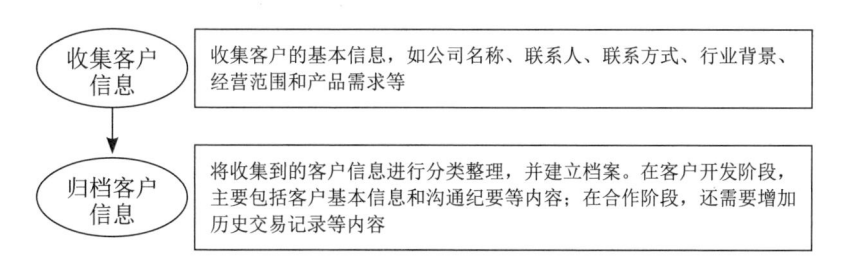

- 收集客户信息：收集客户的基本信息，如公司名称、联系人、联系方式、行业背景、经营范围和产品需求等
- 归档客户信息：将收集到的客户信息进行分类整理，并建立档案。在客户开发阶段，主要包括客户基本信息和沟通纪要等内容；在合作阶段，还需要增加历史交易记录等内容

图2-3 整理客户信息的两个步骤

注意，在这个环节，还可能需要将公司已有的客户信息和历史数据导

入新建立的档案系统中,此时要确保档案的完整性和准确性。

3. 定期更新外贸客户档案

客户信息是动态变化的,因此,定期更新外贸客户档案是保证档案信息的准确性和完整性的关键步骤。通过与客户交流、合作以及查阅公开信息等方式了解客户的最新情况,然后将这些信息及时更新到档案中,为企业拓展市场和维护客户关系提供有力支持。

更新客户档案时,要对收集到的最新消息进行整理和录入,录入时要注意核实信息的真实性和准确性,确保档案数据完整、正确。

当然,也不能过于频繁更新客户信息,这样会增加工作量;也不能长时间不更新,这样会导致信息不准确而丢失客户。因此,更新客户档案应明确相应的时间节点和频率,比如每季度、半年度或者年度等不同的更新周期。如果管理软件或者工具支持的话,还可以设置自动提醒和更新客户档案。

信息拓展 **保护客户隐私是档案管理的重要原则**

无论是内贸企业还是外贸企业,建立了客户档案后还有一项重要工作要做,那就是保护客户隐私。在整理和存储客户信息时,要保护客户隐私,遵守相关法律法规,不得将客户信息泄露给未经授权的人员或者机构。为了有效保护外贸客户信息和隐私,可参考运用以下措施:

①建立健全隐私保护制度和规范操作流程,包括明确员工的责任、义务和权限,制定客户信息保密协议,对员工进行必要的培训,确保只有授权人员可以访问和管理客户信息。

②采取有效技术手段保护客户信息,比如设置密码和限制访问权限等加密技术的应用,在信息传输和存储过程中加密备份;加强网络安全防护措施,定期进行安全漏洞扫描和风险评估,及时修复漏洞,提升系统安全性。

③建立健全客户信息销毁制度,及时删除不再与公司合作的客户信息。

注意，在建立外贸客户档案时，为了减轻系统负荷，存储更多客户信息，相关人员应遵循数据最小化原则，在明确客户信息的适用范围和目的的基础上，只收集和使用与外贸业务需求直接相关的信息。

2.1.3　不同阶段的客户需求分析

客户需求分析是通过对客户的反馈、投诉和咨询等数据进行分析，以期了解客户的需求和问题，优化产品和服务，提高客户满意度和忠诚度。

在外贸业务中，客户需求分析是一个持续且关键的过程，而这一过程在不同阶段有着不同的情况和应对方法。

1. 发出开发信阶段

外贸企业在准备向潜在客户发出或者已经发出开发信的阶段，对于客户来说，他们主要担心收到骚扰邮件，也担心被骗，他们通常希望通过背景调查了解公司的真实性。

因此，公司可以发送与客户需求相关的有价值的内容，让客户愿意打开邮件并查看邮件。可以通过发送公司的照片、视频、产品宣传册、公司介绍、网站链接以及合作伙伴的产品等，来证明公司的真实性和可靠性。

2. 询盘阶段

在客户询盘阶段，他们主要担心得不到公司的回复，也对公司的产品不熟悉、不了解，所以他们此时的需求就是公司能及时回复他们的询盘，能有效了解公司的产品或服务。

因此，外贸销售人员应尽可能详细地向客户介绍产品细节，并给予客户真诚的建议，比如，哪种款式比较热销，产品如何使用，不同材料的特点等，一定要用专业的态度和知识打消客户的顾虑。同时，应尽可能在收到客户询盘后一个小时内回复，展现出公司的诚意和对客户的重视。

3. 报价阶段

在这一阶段，公司向客户报价过低，可能导致客户怀疑公司的规模和实力，同时也担心产品或服务的质量；报价过高，客户也会担心产品或服务的质量达不到要求而被骗。此时需要让客户信赖公司的实力和产品质量。

公司可以通过两种措施搭配来获取客户信赖，如图2-4所示。

1	向客户发送公司简介，多以PPT形式发送，着重介绍公司的厂区大小、工人数量、年营业额和合作伙伴等
2	向客户提供不同价位的产品供其选择，详细注明产品信息，并提供相应的检验检测报告、用户好评截图、产品照片和视频等

图2-4 报价阶段获取客户信赖的措施

第一种方法是为了打消客户对公司规模和实力的怀疑；第二种方法则是向客户证明产品的质量和价值。

4. 寄送样品阶段

在这一阶段，客户主要担心样品费和运费的问题，也会担心公司打样时间太长，或者样品与大货不一致的问题。所以，这个阶段客户的需求主要是明确样品费和运费的承担方式，以及公司对样品质量的承诺。

外贸公司需要根据不同情况明确寄样费用和运费的承担方式。比如，对方客户与公司初次合作，则可以向客户收取样品费，同时告知客户下单返还样品费。也可以向客户免费提供样品，但是要求客户承担运费。

另外，公司应尽量按照客户确认的样品进行生产，这样就能打消客户对样品质量的疑虑。

5. 讨论细节阶段

在与客户讨论合作细节的这一阶段，客户主要担心付款方式有风险，或者售后服务没有保障，也会担心产品达不到预期或者是交货期延迟。此时客户最需要的是公司对售后服务质量以及按期、按质交货的承诺，换句话说，也就是需要得到信任的环节。

因此，公司在与客户签订外贸合同时，一定要明确付款方式，尽力为客户提供优质的服务，包括但不限于快速响应客户需求和持续改进服务水平。同时，在交货前一定要核对产品数据，包括材料、表面处理、logo 和包装等细节，按照客户要求打样，并提前与客户沟通交货期，用逆推方式编制生产时间表，保证准时交货。

综上，外贸公司成功开发客户，就要深入了解客户在不同阶段的担忧和需求，然后针对性地采取相应措施，积极响应客户需求，不断证明公司的实力和信誉。

2.1.4 挖掘重要外商的价值

挖掘重要外商的价值，实际上就是要看合作的重要外商能给外贸公司带来什么好处。工作中比较明显的重要外商的价值如图 2-5 所示。

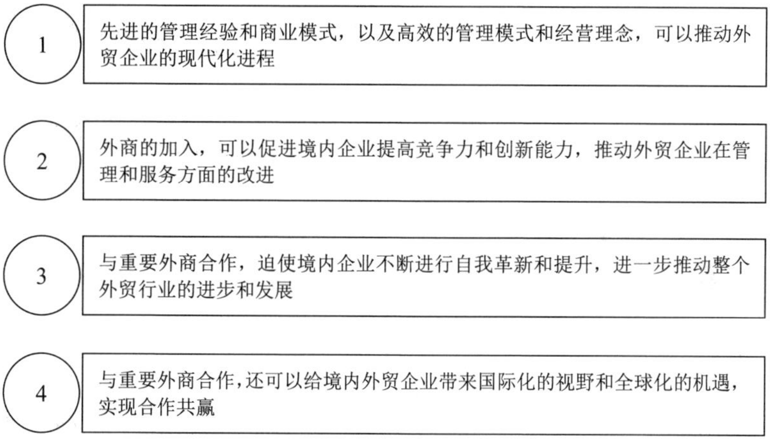

1. 先进的管理经验和商业模式，以及高效的管理模式和经营理念，可以推动外贸企业的现代化进程

2. 外商的加入，可以促进境内企业提高竞争力和创新能力，推动外贸企业在管理和服务方面的改进

3. 与重要外商合作，迫使境内企业不断进行自我革新和提升，进一步推动整个外贸行业的进步和发展

4. 与重要外商合作，还可以给境内外贸企业带来国际化的视野和全球化的机遇，实现合作共赢

图 2-5 重要外商的价值

那么，在与外商合作的过程中，外贸企业如何挖掘重要客户的价值呢？

吸引利用外资：采取有效方法吸引外资进入，比如高度重视外资落地，采取招商方式合作，或者积极对接境内外专业投资机构、举办活动招商、联动产业基金招商等，拓宽渠道，提高外资增量。

分析进出口数据：通过分析进出口数据，挖掘海外市场商机，发现市场需求、产品热点和竞争对手情况。外贸企业可以利用专业的市场分析工具获取和分析海外市场的进出口数据，从而发现境外市场需求和境内市场缺口；也可以通过历史进出口数据，分析和预测外贸行业趋势与未来市场走向，为拓展境外市场提供支持。

打造良好的营商环境：通过简化办事流程、提升服务水平，提供方便、快捷的办事流程，赢得外商的心，让外商足够信赖企业，从而发展成长期稳定的合作关系，增加外商介绍其他客户的可能性。

外贸企业可以借助一些分析工具分析外贸客户，从而发现外商的价值。比如Quantcast，该平台主要查询北美客户的网站流量以及哪些关键词可以为客户的网站带去流量，用于分析客户。

2.2 写出引人注目的开发信

开发信是外贸业务员给客户发送的、寻求合作机会的邮件，是公司产品、服务以及优势介绍的载体。潜在的客户收到开发信后，如果有意向，就会与外贸业务员联系，做进一步沟通，从而确定合作关系，签订外贸合同。但是开发信的编写并不简单，要让其发挥吸引潜在客户的作用，需要掌握一些写作技巧。

2.2.1 开发信满足五个特征才能抓住客户

要在客户对公司不了解的情况下吸引客户的关注，就需要使开发信满足以下五个特征：

1. 标题：瞬间吸睛

开发信或者邮件的标题可以使用公司的名字，然后突出开发信的主题，注意主题要明确且精练，最好能表达开发信的核心内容。

另外，开发信的标题一般采用简单的单词组合，比如客户目前网站上所销售产品的名称或者型号，又或者"目标科目名字+read this Email to get benefited"。总之，可以参考不同的标题类型，具体见表2-1。

表2-1 开发信的标题类别

类 型	举 例
简明扼要型	New business opportunities: Your global partner（新商机：您的全球合作伙伴） High quality product supplier:[Your company name]（高品质产品供应商：您的公司名称） Global expansion plan（全球扩展计划） Break through the international market（突破国际市场）
解决问题型	Increase productivity: We can help（提高生产效率：我们可以帮助） Solve your supply chain bottlenecks（解决您的供应链瓶颈） Strategies to reduce procurement costs（降低采购成本的策略）
数字紧迫型	10 things you can do to start reducing costs today（今天开始您可以做十件事来降低成本） 5 tips to increase your business referrals fast（快速增加业务的五个技巧）
产品特性与优惠型	Yellow corn boosts energy and protects eyesight（黄玉米补充能量保护视力） {Last Chance}30% off Bedroom furniture（｛最后的机会｝卧室家具七折优惠） {Store celebrates 10th anniversary}All products are 60% off（｛店庆十周年｝所有产品一律六折）
提问型	How do you pick the durable LED light？（如何挑选耐用的 LED 灯） How do you get the fadeless custom shirts？（如何获得永不褪色的定制衬衫）
个性化型	A supplier to meet your catering needs（满足您的餐饮业需求的供应商） A professional partner in the construction industry（建筑业的专业合作伙伴） The best supplier to global retailers（全球零售商的最佳供应商） The sweetest housekeeper you've ever had（您身边最贴心的家庭管家）

2. 简介：简明扼要有重点

在开发信的开头，可以使用客户名字，并根据客户的行业、公司规模、职位等背景信息定制内容，让客户感受到开发信是专门为他们而写的。

开头部分直接说明目的，即为什么联系客户，以及公司能为他们提供什么价值。这一部分要避免冗长的介绍和复杂的句式，应使用简短、有力的语言表达关键信息，确保客户能快速理解开发信的目的。

下面来看一个开发信模板。

实用范例 在开发信中向客户明确业务价值

英

{Contact Firstname},

In working with other <insert industry or position>, one of the key issues they're struggling with is <insert key issue>.

This past year we helped numerous companies to <insert business driver>, resulting in <money saved,revenue added,productivity increase>.

If this is something you're challenged with too, let's set up a quick call. I have some ideas that might help.

All the best,

{Your Name}

中

{联系人名字}：

与其他<插入行业或职位>合作，他们遇到的一个关键问题是<插入关键问题>。

在过去的一年里，我们帮助了许多公司<插入业务驱动因素>，结果是<节省资金、增加收入、提高生产率>。

如果这也是您面临的挑战，让我们安排一个简短的电话。我有一些主意也许能帮上您的忙。

一切顺利

{自己的名字}

上述模板主要强调公司能为客户提供的业务价值，如节省资金、增加收入、提高生产率等，内容简洁明了，让潜在客户可以在不到100字的叙述中看到对他们很有价值的信息。

3. 正文：提供对客户有价值的产品或服务信息

正文部分要明确阐述公司产品或服务如何满足客户的具体需求或解决他们正面临的问题，即如何帮助客户提高效率、降低成本、增加收入或改善用户体验等；也可以直接阐述公司产品或服务的独特之处，也就是与竞争对手相比有哪些优势。

这部分要求语言精练，要突出重点，让客户看到与公司合作的实际好处。下面来看一个开发信模板。

实用范例 开发信中向客户提供解决问题的建议或方案

英

Hi {Prospect},

Your website design is absolutely brilliant. The visuals really enhance your message, and the content compels action. I've forwarded it to a few of my contacts who I think could benefit from your services.

When I was looking at your site, though, I noticed a mistake that you've made in search engine optimization. It's a relatively simple fix.

Would you like me to write it up so that you can share it with your web team? If this is a priority, I can also get on a call.

Best Regards,

{Your name}

中

您好 { 潜在的顾客 }：

你们的网站设计得太棒了。视觉效果确实增强了你们的内容，而内容则促使采取行动。我已经把它转发给了我认为会从你们的服务中受益的几个联系人。

但是，当我在看你们的网站时，我注意到，你们在搜索引擎优化方面犯了一个错误。这是一个相对简单的修复。

你想让我把它写下来，以便你可以与你们的网络团队分享吗？如果这事儿是当务之急，我也可以通个电话。

诚挚的问候

{ 你的名字 }

这封开发信一开始就赞美了客户制作的网站，这样会获得客户的好感，也是吸睛的有效方法。赞美之后提出自己的疑问，并给对方一些建议和解决方案，且委婉询问对方是否愿意接受建议或者解决方案，同时还考虑到对方可能会非常着急解决问题，因此也向客户表示公司可以与其通话，这样就可以让客户感受到公司的诚意,从而主动联系公司。

4. 结尾:号召行动明确清晰

在开发信的结尾,需要明确提出公司希望客户采取的行动。比如,安排一次通话、访问公司的网站或者鼓励客户参加产品展示会等。

这个部分还可以向客户提供联系方式,如电话号码、电子邮箱或社交媒体链接等,确保客户能准确联系到公司。注意,开发信中要明确客户回复流程,同时简化回复流程,降低客户的行动门槛,这样有助于客户主动与公司联系。

5. 其他:相关认证与经验

如果公司出口的产品或者服务具有非常明显的技术性或专业性,甚至获得了一些认证或者知识产权,也可以在开发信的适当位置作简要说明,比如在标题下方直接列举相关认证或者外贸经验。这样可以让客户在第一时间了解到公司的专业性,从而赢得客户的信赖。

下面来看一个开发信模板。

实用范例 开发信中做到坦诚并提供相关认证信息

英

Hi {Contact Firstname},
I'll be honest, this is not another sales pitch from <your company name>. I'd like to send you a 2-minute demo video of <value prop>: (VIDEO LINK).
We are <Social Proof - Who's your investors, How much have you raised>, and our key customers include <vanity customers>, etc.
One of our core value propositions is <value prop tagline> and we would like to offer everyone a one-on-one service with our customer.
Who is the best person to speak with? (Let us know if there's someone else who heads up those efforts)
All the best,
{Your Name}

中

您好｛联系人名字｝：

老实说，这不是又一个来自<你的公司名称>的推销说辞。我想给您发一个两分钟的<价值工具>演示视频：（视频链接）。

我们是<社会证明—谁是你的投资者，你筹集了多少钱>，我们的主要客户包括<主要客户>等。

我们的核心价值主张之一是<价值主张口号>，我们希望为每个人提供一对一的服务。

谁是最好的联系对象？（如果还有其他人负责这些工作，请告诉我们）

一切顺利

｛联系人自己的名字｝

这封开发信几乎将外贸公司的一切都摆到台面上让客户知道，比如公司的投资人是谁，目前有多少资金，合作对象有谁，核心价值主张是什么等，而且还提供了视频链接，能让客户真切地感受到公司的价值。这样的开发信内容虽然很多，但效果会更好，因为它涵盖的方面比较多，很适合那些要求较高的客户。

实际书写开发信时，可以结合以上五点特征编写一封综合性较强的邮件，但此时要注意语言的简洁精练，避免内容过多引起潜在客户的反感。

2.2.2　开发信应注意的八个细节

开发信的书写虽然并不困难，但一些细节还需要外贸业务员掌握和熟记，大致如下：

1. 格式与字体

外贸业务员应使用清晰易读的格式和字体。格式一般保持一致，手写体的运用要区分场合，商务往来邮件通常以规范字体打印出来。

字体通常选择 Arial、Calibri 或者 Times New Roman 等，字号一般选择 10～12号。整个开发信中字体的颜色应尽量以黑色为准，更凸显专业性。

2. 英文大小写的规范

有些外贸业务员向潜在客户发送的开发信中,全篇都是大写字母,这会增加阅读困难,因此要注意大小写分布,突出重点,让客户知道哪些内容是重点表达的。

全篇大写字母也不美观,句首字母大写、其他小写的书写规范更符合阅读者的视觉习惯,整个开发信看起来会更加美观。

3. 页面排版

开发信中的内容,在描述时应尽量做到简约明了,避免过长的描述语,也要避免使用结构太复杂的语句,还要避免一味地堆砌辞藻。

书写开发信要使段落分明、句子简短、排版清晰,以提高整篇邮件的可读性。如果有多个要点,可以使用列表或者表格来组织安排内容。

4. 标点符号

开发信中,如果标点符号太多,阅读信件的客户会产生反感情绪。比如,有些书信写作人为了突出强调某一内容,会在句子结尾处加上很多感叹号,这在商务信件中是不专业的,尤其在贸易合作过程中,如果往来信件中出现这类情况,将不利于订单的成交。

因此,开发信中要适当使用标点符号,整体以逗号和句号为主。

5. 重要信息的特殊标注

为了让潜在客户一眼就能看到开发信中的重要内容,书写时可以用粗体或者斜体对重要信息进行标注,但要适当使用,不能整篇开发信中粗体或者斜体占大部分,这样也会影响阅读者的观感,给人一种商务交流不专业的感觉。

6. 收件人和抄送

书写开发信时,一定要确保收件人是邮件的直接接收对象。相应地,邮件的抄送功能需适当使用,以更新项目进度和保留往来证明。

7. 附件和文件命名

外贸业务员在写开发信时，如果需要添加附件，就需要确保文件命名清晰明了。一般来说，建议使用 PDF 格式的附件，这样可以确保潜在客户在不同终端上打开邮件时格式不会错乱。

在添加附件时，一定要按照发送邮件的工具或者平台的要求上传，比如文件不得超过一定的大小，以避免因为文件过大而被网络拦截或被对方拒收。

8. 结尾不能太敷衍

外贸活动中，开发信的结尾处通常应明确表达本公司期望收件人采取的行动，比如回复邮件、点击链接或者参加活动等。另外，结尾处还需致以真挚的问候，向对方展示礼貌态度。

常用词或词组包括但不限于 please（请）、thank you（谢谢您）、best regards（诚挚的问候）、all the best（一切顺利）、looking forward to your reply（期待您的回复）、please feel free to contact us（请您不吝联系）等。

注意，如果开发信中涉及附件或者图片，内容是否保密，取决于客户。此时，在发送敏感文件之前，外贸业务员需要与客户达成保密约定。

2.2.3 避免外贸开发信的十个错误

外贸开发信的细节需要注意，一些书写错误点也需要牢记在心，避免因小失大。

1. 篇幅过长

有些外贸业务员的开发信写得过于冗长，殊不知，这样的开发信很容易导致客户失去阅读兴趣，从而直接被客户忽略，因为他们可能没有太多时间仔细阅读信件内容。

所以，开发信应该言简意赅，突出重点，这样才会在短时间内激发客户的阅读兴趣，从而达到开发信该发挥的效果。

2. 内容主题不明确

开发信的主题如果过于笼统、模糊，客户将无法迅速理解邮件内容，进而就会降低打开邮件的欲望。比如，有些开发信的主题为"We are the manufacturer of lights"，客户一看就知道是推销信。

因此，外贸业务员应学会站在客户的角度考虑，客户的时间是宝贵的，要设置简洁而具体的主题，激发客户的好奇心。通常在开发信标题上下功夫，可以参考本章前述内容，选择恰当的邮件标题。

3. 长篇大论介绍公司或工厂

有些外贸业务员在开发信中大篇幅介绍自己的公司或者工厂，这会让客户感到厌烦。但并不是完全不写公司或工厂的相关介绍，如果公司或者工厂有突出的优势，或者产品有明显的特点，也可以在信中巧妙地加入一些内容，注意简短精练。

比如介绍公司或产品时这么说：We supply solar lights for customers with high quality and competitive price. Hope to cooperate with you.（我们以高质量和有竞争力的价格为顾客提供太阳能灯。希望能与您合作。）

4. 辞藻华丽生僻

有些外贸业务员觉得自己的英文水平很不错，就在写开发信时使用过多的冷僻词，各种语法从句层出不穷，以为自己的开发信写得很出彩，殊不知这只是自我欣赏的表现，复杂的语法和生僻的词汇很可能让客户感到困惑，从而掩盖了开发信的重点。这样的情况经常出现在外贸新手身上。

为了让客户更快了解开发信的重要内容，外贸业务员切忌炫耀自己的英文水平，而应该用最简单的词汇表达意思。

无论是外贸开发信，还是日常工作中，企业给客户的每一封商务邮件，都应遵循7C原则，具体内容见表2-2。

表 2-2 商务写作的 7C 原则

原　则	解　释
清楚 clarity	指在正确的场合使用正确的词汇，具体标准为： ①使用短小、熟悉且在会话中经常使用的词汇，然后井然有序地组句成段。 ②一句话不要讲述过多思想。 ③每句话不超过 17～20 个词。 ④如果情况允许，可以使用一些直观辅助，比如举例子、制作图表等
准确 correctness	指函件内容没有错误，包括数据、陈述和意见等都准确清晰。同时还要保证拼写、语法、标点和格式等没有问题。比如： Well chosen words are likely to be short and natural words. 应该写为 Well-chosen words are likely to be short and natural. The box, together with the baskets, were sent to the shipping room. 应该写为 The box, together with the baskets, was sent to the shipping room. In countries where two or more languages co-exist confusion often arises. 应该写为 In countries where two or more languages co-exist, confusion often arises
简洁 conciseness	指在不违背其他原则的前提下，尽量使用最少的词汇来表达意思。比如： I have caused enquiries to be made with a view to establishing the reasons for our inability to supply your order. 简洁表达为 I have enquired into the reason why we can't supply your order. 实际写作时，通过采用以下方法来达到简洁表达的效果。 ①一个词替代词组：In the near future → soon；will you be kind enough to → please. ②避免一些 which/that 从句：The receipt that is enclosed documents your purchase. 改为 The enclosed receipt documents your purchase. ③避免多余表达：Please be advised that your admission statement was received. 改为 Your admission statement was received. ④避免不必要的介词短语：The issue of most relevance is teamwork. 改为 The most relevant issue is teamwork.
完整 completeness	指函件内容包括所有相关的 who、what、where、when、why 和 how 等信息。比如，写开发信时，应考虑接收信件的对象是谁，信件内容是什么，活动或者公司所在地在哪里，回复信件的时间或者活动时间，为什么要写这封开发信，以及客户如果有意愿合作该怎么做等
具体 concreteness	指尽量使用明确、具体的词汇，这样函件会显得更专业、有趣且有分量。比如，避免使用 a leading newspaper，应使用 The New York Time；避免使用 heavy paper，应使用 24-pound weight paper 等

续上表

原 则	解 释
礼貌 courtesy	商务信件不仅要用礼貌用语、避免冲撞对方，还要充分考虑收件人的心情和顾虑，这与consideration的要旨一致。那么，要让客户从开发信中感受到寄信人的礼貌，就要做到及时回信，避免使用冒犯或带有歧视的语言，语气温和，多为对方考虑，使对方感受到被尊重
体贴 consideration	这一原则要求外贸业务员在书写开发信时一定要保持一颗真诚的心，要懂得从客户的角度考虑问题

5. 偏爱用奇怪的字体

有些开发信中过分使用夸张的字体、颜色，甚至放大、加粗字体，还有用斜体等，虽然有利于引起客户的注意，但也会让邮件显得不够专业。

因此，可以适度使用夸张的字体、颜色，但不要大篇幅使用。

6. 主动语态使用过多

开发信中，主动语态过多可能会让信件内容显得很主观，客户内心很可能出现抵触情绪。从外商交流和行文方式看，很少会用到We、I之类的人称，相反用的被动语态更多。

由此可见，客户会更倾向于看到客观、准确的陈述，使用被动语态就能使表达更客观。

比如，"我们明天会寄样品。"这句话，很多外贸新手会写成We'll send you the samples tomorrow. 而让客户更容易接受的表达应该是Samples will be sent to you tomorrow. 这样的表达就比较严谨、真实，会给人一种不带情感因素的专业感受。

当然，在书写开发信时语气也不应过硬，否则容易影响客户的情绪，进而影响客户的决定。比如，Please reply to me today. 这句话在信件中出现会略显生硬，改成疑问句Could you please help to give me reply today? 这样就会显得更委婉，客户阅读起来也会感觉更舒服。这也是遵循礼貌原则（courtesy）的表现。

7. 忽视文化差异

经常有外贸业务员直接套用开发信模板，向客户寄出开发信。这样很容易导致文化差异的问题，比如不同国家或者地区之间的口语表达可能不一样，又或者某些国家或者地区有禁忌词等。

为了避免因忽视文化差异导致客户流失，在书写开发信时一定要根据不同国家或地区的文化，调整邮件内容和表述。

8. 说一些毫无意义的话

外贸新手在书写开发信时，很容易犯的一个错误就是说或者问一些毫无意义的话，比如：Do you want our products?（您想要我们的产品吗？）这样的问题没有任何意义，一方面，如果客户说No，就不知道怎么回复了；另一方面，作为出口方，自然希望客户对公司和产品感兴趣，应该做的事情是引起客户的兴趣。

所以，写开发信一定要清楚一点，作为卖方向买方寄出开发信，此时处于买方市场，所以，在还没有正式沟通前，应尽量直接表明来意，告诉客户我们是谁，是做什么的，优势在哪里，其他细节可以在后续深入沟通时慢慢谈。

9. 附加太多附件或图片

很多外贸新手由于是初次给潜在客户写开发信，所以很想把自己的产品全部介绍给客户，就会出现不但在开发信中插入图片，还添加附件的情况。从写作信件的角度看，这么做没有什么不好，却有不妥，因为这样很容易被境外的服务器拦截，从而导致邮件无法送达客户。

通常来说，第一次联系客户时，开发信最好用全文本格式，附件就留待后续交流时寄送。比如，在客户主动询价时，回复中适量插入报价单或图片即可。注意，如果客户询价后没有指定要求，公司第一次报价应尽量避免使用Excel或Word附件，能直接在邮件中简单写明最好。

回复客户时还要注意，应对客户的需求和问题进行深入分析后再回复，避免误解客户的意思，从而导致合作失败。

10. 频繁插入 URL 链接

有些外贸员在书写开发信时喜欢在内容中插入自己公司的网址，或者在署名下方加上相关链接。这样做也很容易被境外服务器拦截。

外贸员可以在向客户寄出开发信并得到对方回复后，第二次给对方写信时附上相关链接。

2.2.4 如何写一封"漂亮"的开发信

通过对前述内容的学习，相信外贸员已经可以入手书写开发信了。这里还要强调几点：

①邮件标题醒目，内容简明扼要，直入主题。

②内容尽量使用纯文本，添加图片会增加进入垃圾箱的概率。

③内容中尽量不要附带电话号码、网址链接。

④增加收件人。

这些注意事项可以帮助外贸员降低开发信被识别为垃圾邮件的概率，一定要牢记。

下面来看看一封比较典型的开发信。

实用范例　一封开发信

英

Hi Sir/Madam,

This is Lily Lee from ×× company, our company is a professional ×× manufacturer with years of experience. I'm glad to hear that you're looking for furniture suppliers, we specialize in this field with good quality and very competitive price. Additionally, we have our own professional designers who can meet any of your requirements. We would like to seize this opportunity to establish a business relationship with you. Should you have any questions, call me at ××-×××, let's talk about the details.Thank you in advance.

Best regards!
Lily Lee

中

您好先生/女士：

我是××公司的莉莉·李，我们公司是一家专业的××制造商，拥有多年的经验。很高兴听说你们想买家具，我们专营这类产品，质量好，价格有竞争力。我们也有自己的专业设计师，可以满足您的任何要求。我们想借此机会与贵公司建立业务关系。如果您有任何问题，拨打××-×××给我，让我们谈谈细节。提前感谢您。

诚挚的问候

莉莉·李

这是开发信的具体内容，开发信的主题一般通过邮件名称展示，比如Skilled in innovative furniture, excellent world quality（精于创新家具，卓于世界品质）。开发信要有礼貌地称呼潜在客户，且因为不知道接收方负责人的性别，所以直接用Sir/Madam的表达方式，更妥当。

紧接着，外贸员就做了自我介绍，用简短的话介绍了公司和产品，包括公司的经验、产品的特点，以及专业的设计团队等，让客户能真切感受到公司的实力。然后向客户表达与其建立业务关系的意愿，同时委婉地让对方联系自己详谈细节。没有冗余的内容，也没有过分夸奖自身，会让客户感受到专业性和客观性。

2.3 新客户开发高效方法与技巧

本书第一章已经介绍了一些开发海外客户的方法、途径和渠道，但实际开发过程中该怎么做，还需要外贸员重视，毕竟新客户的开发没有那么简单。

2.3.1 开发客户时不做让客户反感的事

外贸员在开发新客户时，免不了要与潜在客户沟通，沟通要有艺术，说话要有技巧，需懂得察言观色。图 2-6 展示了一些可能会让客户反感的行为，可帮助外贸员规避。

无礼质询或审讯式对话
外贸员与客户沟通时，要理解并尊重客户的思想和观点，避免无礼质问或审讯式的对话，要知道人各有所需、各有所想，不能强求客户购买产品或服务

命令的语气和高傲的态度
外贸员应采用征询、协商或请教的语气与客户交流，展现友好和专业，态度和蔼可亲，说话轻声细语，不能用命令的口吻和高傲的态度与客户交谈

言语冷淡不热情
外贸员与客户沟通时，态度一定要热情诚恳，避免言语冷淡，否则容易让客户感到不被尊重，从而无法继续深入交流

当面批评或贬低客户
外贸员如果发现客户的某些缺点，不能当面批评或者教育对方，更不能大声指责客户。应以赞美和鼓励为主，掌握好赞美的尺度和批评的分寸，巧妙地提出建议

说话过于直白让客户难堪
客户千差万别，其知识和见解不尽相同，外贸员在与客户沟通时，说话如果过于直白，很容易让客户在众人面前丢脸、难堪，从而失去客户的好感。所以，外贸员应避免说话太直白，要时刻注意客户的感受

滔滔不绝让客户插不上话
外贸员与客户沟通，就是与客户交流思想的过程，它是双向的。因此，不能自己滔滔不绝地讲话让客户没有搭话的空隙，这样很容易演变成"唱独角戏"，客户也会产生厌恶情绪，进而对我们避而远之。所以，外贸员应给予客户足够的发言机会

不合时宜地联系客户
如果外贸员在客户忙碌或者不方便的时候要求沟通交流，很容易招致客户的反感。要选择合适的时间与客户联系

销售用语千篇一律
外贸员如果不与时俱进地更换销售表达方式，还是沿用以前的，很容易让客户感觉乏味，甚至对公司和产品失去了解的兴趣。所以，外贸员可以尝试一些新的、有创意的表达

图 2-6　会让客户反感的行为

2.3.2 热门产品的独特思维和敏捷节奏

外贸企业需要具备一些开发思维进行热门产品开发，同时还需要掌握一定的开发节奏。

首先，外贸业务员应进行需求分析。

其次，要在需求分析的基础上规划产品的功能。

然后，聚焦目标市场，对产品功能进行认真剖析和深度演绎。

接着，快速响应市场变化，做好竞品分析。

最后，制定明确的产品目标。

外贸业务员进行需求分析时，需要将目光放在目标消费群体的使用需求上，可以借助 AI 大模型等技术手段，更准确地捕捉客户的真实需求，理解客户的痛点和期望，从而提炼出更精准的产品需求。

明确了产品需求后，相关人员就要在此基础上规划产品功能，尽可能提供客户想不到但又能让他们觉得特别有用的功能，比如，一台小汽车，既可以在陆地上奔跑，又可以在天上飞，还可以在水里像船一样行驶，要给客户带去实实在在的惊喜。

在规划产品功能时，关键在于提供高品质的产品，同时注重产品的外观设计，使其满足现代消费者的审美需求。另外，产品还必须具备较高的性价比，在同等价位中，产品的功能越强大，颜值越高，品质越有保障，使用越贴心，越能吸引消费者的目光。

在聚焦目标市场的步骤中，相关人员要对产品功能进行更细致的剖析和深度演绎，确保产品功能的全面性和针对性，以此提高产品的市场竞争力。

在响应市场变化的节奏中，外贸企业要有敏捷开发的思维，通过敏捷开发等方法，快速迭代产品，满足市场的快速变化。除此以外，外贸公司需要通过市场调研，对细分市场进行更细致的分析，同时进行竞品分析，了解市场需求和竞争态势，为热门产品的开发提供充分的数据支持。

外贸企业在开发热门产品时，还应该有制定产品目标的思维，可以使用 SMART 目标管理原则制定具体且可衡量的产品目标，确保各团队成员对自己的工作目标有清晰认识，提高产品开发效率。

另外，开发热门产品的思维还应包括"快"，因为新产品出来后，最核心的事就是在特定人群中构建社交壁垒，即构建消费者身份，让所有人都使用并给予好评。人都是从众的，企业可以借助一些社交媒体平台，通过社交场景的连接，把客户转化为产品的"推广人"，激发客户进行圈层式传播，把产品推荐给更多的用户，实现更有趣的用户互动和裂变式传播力。

2.3.3　这样打电话开发效果成倍提升

提高新客户开发率的电话沟通是外贸人员必备的技巧之一，通过严谨的沟通逻辑和精巧的沟通方法，可以成功吸引潜在客户的注意，并促成交易。表2-3为电话开发客户的常见流程。

表2-3　电话开发客户的流程

流　程	具体做法
友好且专业的问候	成功的电话沟通始于一个友好且专业的问候。电话接通后，外贸业务员应先做自我介绍，并向对方表达真挚的问候，从而建立亲善关系，让客户感受到自己的专业素质。 例句：您好，我是××先生/女士，来自××公司，感谢您听我的电话，您今天过得怎么样
以开放式问题打开话匣	问候客户后，可以询问客户一些开放式问题，引导对话，从而了解他们的需求和兴趣，这样可以了解客户更多信息。 例句：您平时工作应该很累吧！有没有买过什么仪器来舒缓筋骨呢？贵公司对于××产品有什么特殊要求吗
强调自身产品与客户需求的契合度	了解了客户需求后，外贸业务员在介绍自己的产品时，一定要强调与客户需求的契合度，且使用简洁生动的语言来突出独特性和优势。 例句：我们的跑步机提供了……可以满足您在办公室健身的需求，它还具有省电和节能的特点，让您在工作之余安心锻炼
与客户建立情感共鸣	外贸业务员与客户通话过程中要时刻关注客户在意的话题，从其关注的话题入手，提供一些建议或者提示，与客户建立互信和友好关系。 例句：我看贵公司经营了好多产品，每一种产品的外观都很有个性，看来贵公司很重视产品的外观设计，我们公司推出的××产品由专业的设计团队打造，相信会符合您公司的要求
给予客户明确的下一步行动计划	与客户电话沟通的最终目的就是争取到客户，促成双方达成合作，因此，在问候、自我介绍以及与客户建立情感共鸣后，就要向客户明确下一步行动计划，无论是邀请客户对产品做进一步了解，还是安排具体的产品相关活动，均要为客户提供指南

续上表

流　程	具体做法
给予客户明确的下一步行动计划	例句：如果您对我们的××感兴趣，您可以关注××线上展会，届时我们的销售团队会为您详细介绍我们的产品。 如果您对我们的××感兴趣，我们将为您提供免费样品以供参考

按照这样的流程打电话开发外贸客户，成功的概率会高一些。除此以外，外贸业务员还需要掌握一些电话沟通技巧，具体内容如下。

发音要清晰：外贸人员通过电话与客户沟通时，清晰的发音能很好地表达自己的专业性。实际沟通中，发音的清晰度和语速有一定关系，如果语速较慢，发音通常会清晰一些。很多时候，可以语速慢一点，通话时间长一点，这样能让客户听清楚对话内容，减少重复了解的时间，提高沟通效率。

善于倾听：打电话开发客户时还应做到倾听客户的发言，不仅要通过一些语气词给予客户适当的回应，表明你的思想没有开小差，还要适时复述总结客户说过的话，这有利于进一步交流。

通话时放松心态：与客户通话时，如果心态平和，比较容易在心理上拉近彼此的距离，开发客户的效果会更好。

切忌抢客户的话：在与客户沟通时，如果想要表现出与客户之间有共鸣，很容易抢客户的话，迫不及待地替客户把话说完，这样就会使客户产生戒备心理，不利于进一步沟通。所以，电话开发客户时尽量不要抢话。

学会问问题：根据与客户通话所处的阶段，选择不同类型的问题进行询问。比如问候阶段，可以问客户一些开放式问题，引发客户思考，同时避免选择性问题带给客户压迫感，从而防止客户一开始就产生抵触情绪。在了解客户情况阶段，可以问客户一些选择性问题，增加互动性的同时也能帮助客户尽快作出回答和决定。

帮助客户做决定：公司发现的潜在客户，很有可能也是其他公司的客户，因此，开发新客户时可适当帮助客户作决定。比如，"您可以参加

××线下展会，它离贵公司很近，您可以去展会上实地了解我们的产品"。

善用停顿：在与外贸客户通话过程中，可以适当停顿，不仅容易吸引客户的注意力，还可以看看客户是否在认真听你讲话。当你停顿时客户示意继续说，就能反映出客户在认真听你说话，反之，客户可能对谈话内容不感兴趣。另外，在停顿的间隙，客户如果有问题，可以及时询问，这样就能做到你来我往，交流会更顺畅。

2.3.4　提高成单率的技巧

在开发新客户时，对公司和新客户来说，大家都是陌生人，那么，要怎样做才能提高成单率呢？

事前丰富自己对产品的了解：外贸业务员应在开发新客户之前全面掌握产品的功能、优势、特点和适用场景。可以通过定期的产品培训更新产品知识，增强对行业动态和市场趋势的理解，时刻以专业的态度与客户沟通，提高客户的购买信心。

尽力得到客户的信任：外贸业务员主要通过真诚的沟通和持续跟进，让客户感受到公司的诚意，进而建立信任关系。一旦获得了客户的信任，后续交流、成单会更加顺利。

充分展现产品价值：向客户清晰地传达产品如何解决客户的问题并提供怎样的效益，让客户了解使用产品带来的长远利益，促进购买决策。

提供交易带来的额外价值：除了获得核心产品，合作达成后，企业还可以向客户提供额外的增值服务，比如免费培训、技术支持或者产品使用指导等，帮助客户在使用过程中获得更好的体验，提高客户的满意度和成单率。

保持恰当的交流距离：如果客户亲自上门考察，外贸业务员和管理者要注意与客户保持恰当的交流距离，比如"五米关注、三米注视、一米搭话"。在观察客户的表情变化时一定要放轻松，不要扭扭捏捏，更不要紧张不安，要大方自如、自信满满地交谈。

先说最重要的卖点：产品最重要的卖点很可能就是吸引客户关注的关键，先说最重要的卖点就能快速捕获客户的好感，加深客户对产品的印象。

强调独一无二的优点：如果外贸业务员对自己的产品有很深刻的认识，且确定产品没有竞争对手，具有独一无二的优点，就可以在客户面前加以强调，让客户感受到产品的不可替代性。

2.4 赢得陌生客户的信赖感

实际上，企业的陌生客户大多都是新客户，想要获得这类客户的信赖非常不容易，外贸业务员要学习一些与陌生客户交流的技巧，争取与客户建立信任关系。

2.4.1 第一次打电话如何赢得好感打破信任壁垒

人与人通过电话沟通，看不见对方的表情和姿态，沟通难度会直线上升。对于外贸业务员来说，第一次打电话给潜在客户，开头的 20 秒至关重要，很大程度上决定了后续沟通的成败。

先试想一下，如果你正忙得焦头烂额，突然接到一个电话，对方甚至连"不好意思打扰一下"都没有说，就直接不管不顾地推销业务，你肯定想立刻挂断电话。

因此，要在第一次打电话给客户时就赢得好感，必须在通话前和通话中换位思考，此时常用沟通语言有：

①先生/女士，您好，抱歉，突然打扰了。
②先生/女士，您好，突然打扰，非常不好意思。
③先生/女士，您好，您现在方便接听电话吗？

如果客户没有兴趣，或者客户当前不方便接听电话，外贸业务员应尽快结束通话，以便客户能处理其他事务。这时，外贸业务员可以询问对方有没有其他方便通话的时间，如果有，就可以在其他时间再次电话联系客户；如果对方直接拒绝或者委婉说明最近没有时间，很显然，客户不愿意沟通，此时就可以放弃再次联系该客户的想法。

然后，外贸业务员要迅速介绍自己，常用沟通语言有：

①我是××公司的××，职位是××。

②我是××，在××公司担任××。

③我们是××公司，我叫××，是××（职位）。

④我们公司是做××的，和您也算是同行。

⑤我们公司是做××的，和贵公司的业务有很强的关联。

⑥我们公司是做××的，听说贵公司在××方面很出色，想和您交流一下。

接着，直奔主题，为什么要给客户打电话，借机向客户介绍公司的产品或服务。常用表达有：

①我们这次电话拜访是为了……

②我们这次打电话给您是因为……

③我们这次联系您是想邀请您……

综合上述话语，可以让客户感觉自己被尊重、被重视，从而赢得客户的好感；也会让客户感受到打电话的人具备非常强的逻辑思维能力，从而对打电话的人产生兴趣，这是促使客户继续倾听你讲话的重要因素，也是双方建立信任关系的坚实基础。

如果在与客户通话过程中被客户问及下列问题：

①你是谁？

②你怎么知道我/我们的电话？

此时也是赢得客户好感并建立信任关系的良好时机。最有效的办法就是以老客户为引入点，让客户知道公司是正规的，有其他客户与我们合作，同时也让客户知道自己的信息很可能是通过自己的熟人透露给公司的。

注意，此时切记不要说"公司内部数据库""相关机构统计的信息"等，这会让客户感觉自己的信息被泄露了，相应地就会对外贸业务员产生反感和抵触情绪，后续的沟通将很难进行。

外贸业务员还可以直接说从客户的官网找到的联系方式，这样不仅能轻松获得客户的信任，还能获得客户的好感，因为客户会觉得你在认真关注他们。

综上，外贸业务员在初次电话拜访陌生客户时，取得客户的信任和好感才是关键，而不是想着带给客户什么样的利益，毕竟"天上不会掉馅饼"是人际交往的共识。

2.4.2 善用图片、视频展示多媒体营销专业实力

向陌生客户发去开发信，外贸业务员要善用图片和视频，这样不仅能彰显业务专业性，还能快速吸引客户的眼球，从而增加双方继续深入交流的概率。

运用图片和视频彰显业务专业性，首先要明确规避一些问题。

图片和视频的版权问题：尽量使用自己制作的图片和视频，实在无法避免使用他人的图片和视频时，一定要确保可以使用，最直接的办法就是征得图片或视频的原作者的同意，但现实中很难达成。

素材质量问题：发送图片或视频前，认真检查其质量。使用低质量的图片或视频可能给客户传递出一种不专业、不可靠的印象，进而降低陌生客户阅读信件内容的兴趣，也无法取得客户的信任。

视觉疲劳：过度使用图片和视频可能导致阅读者的视觉疲劳，从而迫使客户提前关闭信件。

加载速度慢：图片和视频往往会增加网页或应用程序的加载时间。如果加载时间过长，阅读者可能会感到不耐烦，导致无法看完信件内容，也会让客户感觉到公司做事不专业，连写一篇言简意赅的开发信都不会。

其次，外贸业务员在运用图片或视频时，一定要：

①懂得挑选合适的图片和视频，色彩均匀、美观，且吸引眼球，不能过于艳丽，避免客户发生视觉疲劳；格式常用 JPG、GIF、PNG 等，确保

图片或视频具有良好的兼容性和处理便利性。图片或视频一定要清晰，不能模糊不清。比如，图片大小建议在 600~800 px，手机阅览状态下最好不超过 420 px，宽度比为 4∶3，视觉效果更佳；邮件视频的时长一般控制在 1~3 分钟比较合适，一分钟左右用于简单介绍产品或服务的核心卖点、公司基本情况，2~3 分钟更详细地展示产品功能、使用方法和应用场景等。

②学会运用编辑工具，美化或调整图片和视频的展示效果，使其更生动、形象、鲜明。目前，比较受欢迎的免费图片与视频 AI 编辑工具有 Pixelfox、文心一言（百度）、即梦 AI（字节跳动）、吐司 TusiArt、PixsoAI、触手 AI（小程序）、美图 AI、幻影画板、Stable Diffusion Web、Bing Image Creator、Craiyon（原 DALL·E Mini）等。

③如果是自己拍摄的图片或视频，要注意拍摄角度和光线，巧妙通过不同的拍摄角度和光线，为产品或宣传活动创造出不同的视觉效果。比如，平摄角度可以产生亲切感，仰摄角度可以突出主体的高大和雄伟，俯拍角度可以拍摄出被摄物的规模和气势，如图 2-7 所示。

图 2-7 平摄（左）、仰摄（中）和俯拍（右）

一般来说，开发信或者展会活动中展示的图片或者视频，其色彩搭配应以清新亮眼为主，这样客户看到后会感到心情舒畅；而蓝色被公认为"商务色"，是很多重要活动中常运用的颜色。

2.4.3 陌生客户询价要快速响应并专业解答

外贸业务员收到陌生客户的询价时，一定要谨慎、专业地处理，可以借鉴图2-8中的处理步骤。

收到陌生客户询价的处理步骤

- **确认客户信息**：确认询价客户的信息真实性，包括检查邮件或信息来源是否可靠，避免陷入诈骗陷阱。技术条件允许的话，还可以通过公司网站或者其他公开渠道验证客户信息的真实性

- **及时回复**：尽快回复客户的询价，展现公司的专业性和对客户的重视。注意，即使暂时无法向客户提供详细报价，也应该先回复，表示已收到询价并会尽快处理

- **了解具体需求**：在第一次回复客户询价时，或者在双方确认报价后，外贸业务员需详细询问客户的具体需求，包括产品规格、颜色、样式、数量、交货期、质量要求、包装要求等，为准确报价提供依据

- **准备报价单**：根据客户的需求，准备详细的报价单，具体应列明产品名称、规格、单价、总价、交货期、付款方式和售后服务等关键信息。另外，还可以附上本公司介绍、产品图片和认证证书等相关资料，增强客户对公司的信任感

- **保持沟通**：在准备报价单的过程中，外贸业务员应与客户保持良好沟通，解答他们的疑问，根据客户反馈，调整报价方案。不仅能使报价更准确，还有助于建立良好的客户关系，提高成交率

- **跟进与反馈**：向客户报价后，还应及时跟进客户的反馈。如果客户对报价有异议或者需要进一步讨论，应耐心解释并提出解决方案；如果客户对产品或服务不太了解，可以提供专业的建议和指导，帮助客户做出更明智的决策；如果客户接受报价并下单，则按照合同约定执行。这样做不仅能提升客户满意度，还能增加客户黏性

- **建档并保密**：无论与客户的交易是否成功，外贸业务员都应将客户信息整理归档，以便日后跟进或者维护客户关系。另外，对客户询价阶段的信息应做好保密工作，避免泄露敏感信息和机密

图2-8 收到陌生客户询价的处理步骤

面对陌生客户，为了更谨慎报价，在报价前除了要考察客户信息的真实性，还需要分析客户的心理：

①客户可能只是通过询价来比价，并非真的想建立合作关系。

②客户通过得到报价来打压同行，经常会听到"你看××才××价格"。

在分析客户心理的同时，外贸业务员要做好被客户试探的准备，避免被客户套话而处于被动地位。这就要求外贸员能区分哪些是真正的潜在客户，哪些是套价的客户。套价的客户大多不愿意深入沟通，有时还会掩盖或编造公司信息，仔细调查就能发现；而潜在客户经常出现在淡季，但很可能成为公司在旺季的买家。

当陌生客户询价时，外贸业务员可以反问对方："您的目标价位是多少呢？"如果客户不主动说出自己的目标价位，一定要外贸业务员先报价，此时可以说：

"我们还没有见过面，您也不了解我们的产品，价格高低没有意义，这样吧，您××还是××有空的时候，我们见面详聊。"

"价格的高低取决于产品的质量和价值，我们有不同规格和款式，对应不同的价格，您可以先说说对产品的具体需求。"

实践证明，这种回答方式更稳妥，不仅避免了直接回答客户的询价，还能据此了解客户对产品的真实需求。

如果客户非常坚决地让外贸员给一个确切的报价，此时也不能一味地回避问题，容易引起客户的反感，可以采取给产品赋予附加值的方式回答：

"当然，我们××产品总价为××元，但您可能知道，我们家品牌的××从未打折，今天在我这里能为您争取到××折，还额外赠送××，这种待遇在新品销售中是独有的，体现了您的尊贵！"

常见的快速响应的文字内容可以是：

① Thank you for reaching out to us. We are delighted to hear from you and are excited about the possibility of working together.（谢谢您联系我们。我们很高兴收到您的来信，并对合作的可能性感到兴奋。）

② Thank you for your interest in our [Product Name]. Please find below our quotation for the product.（感谢您对我们的 [产品名称] 感兴趣。请看下

面我们的产品报价单。）

在回复客户的询价时可能涉及还价，更详细的内容将在本书第三章介绍，这里不再详述。

2.5　外贸客户开发技巧应用

前文已经提到很多开发客户的技巧，这里再了解一些更实用的开发技巧。

2.5.1　外贸新人如何抓住每一次询盘

无论是外贸新人，还是外贸老将，抓住每一次询盘的关键一定在于认真对待每一次询盘，即使信息不完整，也要及时回复询价的客户，充分展示自己的专业性和诚恳态度。

外贸新人要做好每一次询盘的各种小事，比如下列内容：

1. 知道询盘从何而来

新手外贸员在接到客户询盘后，应立即想办法弄清楚询盘的来源渠道，以及客户地处哪个国家或地区。这样，外贸员就可以通过分析询盘来源渠道的特点，预估询盘的质量高低，从而规划好时间和精力去处理不同类型的询盘。

分析客户的询盘来自哪个国家或地区，是为了下一步更好地了解国家政策、常用付款方式以及是否有合作过的客户与当前客户存在某种联系等。

2. 访问询盘客户的官网

通常来说，询盘中都会有客户公司的名称，新手外贸员需要根据信息找到客户的官网，了解客户公司的发展历程、主营产品、主要市场、经营模式和用户规模等。

如果网站上的联系方式与客户询盘时留下的联系方式一样，说明客户所属公司很可能是一个小公司，老板兼任其他职位。

如果网站上的联系方式与客户询盘时留下的联系方式不一样，说明客户公司的规模可能比较大，询盘的人大概率是公司的采购人员。这是因为大公司分工明确，员工各司其职。

当然，上述分析也不是绝对的。之所以这么初步判断，是要确定询盘人的职位，这样有助于外贸员思考如何与询盘的人沟通，比如，与采购经理沟通，重点谈产品质量；与老板沟通，重点谈价格。

另外，新手外贸员还要通过客户网站了解其公司性质，是中间商还是终端客户，具体可以从公司简介中发现。

3. 获取客户的即时聊天工具

如果客户的询盘邮件中提供了电话号码或者skype（网络电话），新手外贸员应立即添加客户为好友，简单自我介绍，争取给客户留下良好的第一印象。如果有私人手机号码对应了WhatsApp账号，也应快速向客户打招呼，询问以后是否可以通过该账号联系对方，得到许可后再进行适当沟通。

4. 频率合适且坚持不懈地向客户发送邮件

向客户报价以后，客户没有回复，需要隔一天再次向客户发送邮件，询问其是否收到了报价单，对于价格有什么想法。如果当天仍然没有得到回复，再隔两天向客户发送邮件；如果仍然没有回信，第三次发送邮件就可以隔三天甚至更久的时间。十天以内没有得到任何回复，就基本可以放弃。总之，给自己一个稍微长的期限，期限内要坚持不懈地向客户发送邮件，但要注意发送的频率变化。

5. 寄送样品获得客户好感

如果需要给客户寄送样品，一定要保证样品质量符合客户要求，顺便可以向客户寄一些小礼品，不需要太贵重，能突出个性或特色即可。

6. 分类记录和整理归档客户信息

将询盘、报价和寄样后短期内没有回应的客户进行分类记录，并将客户资料进行分类整理，便于后期进行客户关系维护，比如每当公司或者产品有新的动态时，就可以视情况而定向客户发送一封邮件。

在客户询盘阶段，除了前述这些小事，新手外贸员还可以在业余时间通过搜索引擎或者其他渠道搜索并获取客户的相关信息，从客户内部采购负责人的生活和兴趣入手，拉近与客户的距离，以便在与客户沟通时投其所好，赢得客户的好感。

2.5.2 线上开发客户如何留下好印象

线上开发客户时，可以从以下方面入手，给客户留下好印象：

1. 专业的网站形象

公司应确保自家网站上公布的相关联系人和公司资料等信息详细，网页设计专业，内容清晰。

专业的网站形象还可以从域名入手，使用规范的域名命名方式，具体可参考本书前面章节的内容。

2. 热情周到的态度

外贸业务员首次与客户接触时，应尽快回复客户的信息或者了解其要求，彰显专业性和高工作效率，让客户感受到被尊重、重视。

与客户沟通时要确保信息表达清晰、准确，逻辑性强，避免使用行业术语或比较复杂的词汇，简单直接地介绍公司的产品或服务，以及它们如何满足客户的需求。

认真倾听客户的需求和关注点，并实时通过提问和反馈向客户确认你的理解，防止误解客户的意思。

3. 提前做好客户信息收集

在与客户取得联系前，外贸员应做好充足的准备工作，包括了解客户在公司的职位、所掌管的业务范围以及他的个人信息，客户曾经取得的行业成绩、在某些公开场合提出的个人观点、个人兴趣爱好等，为客户沟通收集必要的谈资。但收集信息时一定要注意规避一些捕风捉影的内容。

4. 营造一个沟通的好氛围

线上与客户交流，客户对我们的第一印象从头像、主页开始，因此，即时聊天工具的头像和网站主页应符合公司经营风格。具体可以从三个方面入手设计。

真人头像：在公司品牌的 logo 旁添加真人头像，这样可以让客户第一眼就看清楚与其对接的人长什么样，通过人物真实性增强客户对我们的信任感。真人头像应保持标准的微笑，让人感觉容易亲近。实际工作中比较常见的还有在真人头像旁添加奖杯的，这样会给人一种专业、自信的印象。

主页背景：因为账号头像能够展示的信息有限，所以可以从主页背景入手，展示一些获奖履历、名人合影等，让客户觉得你有实力，值得关注。

个性签名：头像下方添加一行小字，可以是一句名言，也可以是行业 title，主要是选择一句能表现个人风格、处事态度和品格的文字。

另外，营造良好的沟通氛围还包括温柔而有力的发声，好听的声音也是给客户留下好印象的方法。外贸员可以用胸腹式联合呼吸的方法，让气息支撑声音，挺起软腭，笑肌上提，下巴放松，让声音在口腔中共鸣放大，形成圆润的声音，这样不仅可以减少声带的压力，也会让声音变得优美动听。

5. 真诚适时地赞美对方

在适当的时候找到客户的优点，真诚地赞美对方，会使客户心情愉悦，让客户觉得你待人处事非常不错。

6. 与客户进行有效沟通

职场中的人每天都非常忙碌，留给自己与客户沟通的时间并不长，因此，外贸员应想尽办法与客户进行有效沟通，让客户感受到公司的专业和较高的工作效率，从而产生好感，而有效的沟通一定是：

①通过双方交流，客户达到了询价的目的，外贸公司达到了吸引客户注意、让客户产生购买意向的效果。

②通过交流，外贸员为客户解答了疑惑，解决了客户面临的难题。

③与客户之间建立了信任。

④贸易双方初步达成合作意向等。

2.5.3 通过样品推测对方的真实意图

外贸员合理利用样品策略，可与客户进行有效沟通，推测出对方的真实意图，从而提高成交率。

那么，通过样品推测客户的真实意图究竟该怎么执行呢？简单介绍见表 2-4。

表 2-4 通过样品推测客户的真实意图

行　为	客户真实意图
明确客户要求的样品类型	①客户要求产前样，用于生产前的确认，说明客户已经确定与公司合作，只是担心产品投产后不完全符合自己的要求导致生产后无法更改，所以在生产前要求查看生产样。 ②客户要求确认样，用于客户确认产品细节，说明公司与客户还处于合作谈判阶段，想要更仔细地了解公司的产品，从而作出合作或不合作的决策。 ③客户要求大货样，用于订单生产后的质量检查，说明公司与客户的合作关系已经确立，客户想要在收到货以后仔细检查产品，避免收到不符合自身要求的产品而面临损失。 ④客户要求手板样，用于在没有模具的情况下制作确认样，说明客户有意向与公司合作，但因为公司没有模具，所以想通过手板样来制作确认样，从而确定产品是否符合要求，进一步就可以决定合作与否
样品费和快递费用的承担	①如果客户非常爽快地答应自己承担样品费和快递费，说明客户有非常强烈的合作意向，且对公司的产品很有信心，几乎可以看成是双方初步达成了合作关系。 ②如果客户不愿意承担或者部分承担这两种费用，说明客户对公司产品还存有疑虑，合作意向不强，此时需要与客户协商，如果客户答应看到样品符合要求后再细谈，说明客户只是比较谨慎，不排除有合作意向；如果客户没有承诺看到样品符合要求后再细谈，基本可以确定客户没有合作意向或者合作意向薄弱
寄出样品前沟通是否顺畅	在向客户寄出样品前，外贸员都可以与客户保持密切沟通。 ①如果客户能快速且热情地反馈，说明对公司产品有很浓厚的兴趣，达成合作的可能性较大。 ②如果客户常以各种借口推迟沟通，甚至不回复，说明客户对公司产品不感兴趣，达成合作的可能性较小。 ③如果在谈到样品费和快递费时，沟通态度明显消极，说明客户不太愿意承担这些费用，希望公司主动承担，或者是有想法直接放弃了解公司的产品

续上表

行　为	客户真实意图
询盘阶段客户是否主动要求寄样	①如果客户主动要求寄样，说明客户有兴趣了解公司的产品，想要通过查看样品质量来决定是否进一步与公司详谈。 ②如果客户没有主动要求寄样，说明客户对公司的产品充满信心，只是关注价格高低。但也可能是客户没有强烈的合作意向，只是为了比价而询价，如果价格比其他供应商高，则客户很可能不会再与公司有后续的联系；如果价格比其他供应商低，则客户可能再次要求样品
客户收到样品后是否积极作出反馈	①客户收到样品后积极联系外贸员，说明客户想与公司有进一步的了解和沟通，侧面反映有一定的合作意向。 ②客户收到样品后没有主动联系外贸员，说明客户对公司寄出的样品不满意，可能没有合作意向

实际工作中，外贸员不仅要通过样品推测对方的真实意图，还应积极与客户沟通，不能等着客户主动联系，这样也能直面客户，让客户亲自说出自己的想法和决定，这样对提高客户开发效率是非常有利的。

2.5.4　打好"组合拳"为后续谈判争取机会

这里的"组合拳"是指外贸员在开发客户时，一定要处理好客户的询盘，同时做好报价工作，准备与客户进行合作谈判。

1. 精准找寻潜在客户

寻找潜在客户越精准，后期进行合作谈判就更轻松，达成合作的概率越高。这就要求外贸员在筛选客户时要细致，识别潜在客户要精准，可以通过客户的来源、询盘内容，初步判断客户是否诚意购买产品，客户的实力如何。一般来说，高质量的询盘表现为信息具体、需求明确。

2. 制作专业的报价单

专业的报价单不仅可以让客户更清楚地了解公司的产品和价格水平，也能让公司占据主动地位，避免客户因为价格问题而与我们反复商谈、讨价还价。那么，专业的报价单是什么样的呢？

产品信息一目了然：清晰列出产品名称、规格型号和性能参数等关键信息，客户一眼就能看到重要内容。

单价精确：外贸员要在发送报价单前仔细检查各产品报价，确保单价计算无误，货币单位明确。同时，要明确报价的有效期限，这样可以避免汇率波动影响实际收入。

明确最低起订量：最低起订量通常与公司的盈亏平衡点密切相关，在报价单中明确标注最低起订量，不仅可以保证公司正常盈利，还能帮助客户评估自身需求，了解自身是否能承受这样的采购量。这样公司也能筛选出高质量订单。

交货期合理：外贸业务员应综合考量公司的生产能力、产品调配能力和物流情况，在报价单中给出准确的交货时间，同时给客户留一些缓冲时间来应对一些突发状况。这样，客户也能从交货时间判断是否与公司合作。如果交货期晚于客户需要产品的时间，客户可选择不与公司合作。

付款条款清晰严谨：报价单中要清楚且详细地说明付款方式，如T/T、L/C或者多种付款方式结合等，还要说明货款支付比例及相关时间节点，以此确保双方利益，建立严格的信任关系。

3. 提前想好谈判策略

想让客户购买自己的产品，谈判策略和技巧也很关键，外贸业务员可以在双方组织谈判会议前，想好多种谈判策略，并由谈判小组经过多次沟通交流，制定出谈判方案，以应对谈判过程中可能面临的问题和突发状况，从而精准"拿捏"客户，让客户心服口服地与公司合作。

第3章

报价与回复是谈单的第一步

外贸业务员成功开发客户后,接下来就是针对后期的贸易合作商谈具体细节了,也称为谈单阶段。在这一阶段,常见的工作有接收询价、报价和还价等。这一步非常关键,直接关系到此次合作是否能够盈利,因此外贸业务员必须引起重视。

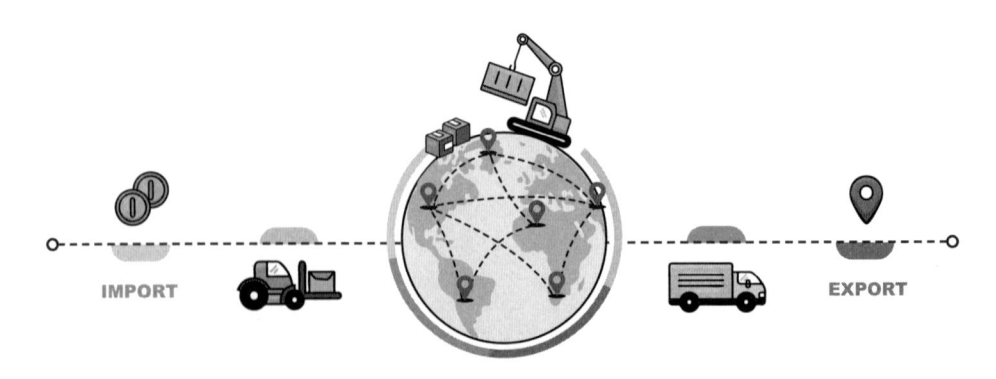

3.1 合理报价为谈判留出更多空间

从前面章节中可以知道，客户询盘后，外贸员应快速回复，包括向客户报价。为了掌握主动权，外贸员在报价前应深思熟虑，留出价格空间，便于双方协商谈判、讨价还价。

3.1.1 影响产品报价的因素有哪些

为了准确计算产品的报价，留足价格空间，外贸员需要知道影响产品报价的因素有哪些，具体见表3-1。

表3-1 影响产品报价的因素

因　素	解　释
产品成本	产品的研发、生产、运输、存储以及原材料等成本都会影响产品的最终定价，这些成本构成了产品价格的下限
市场供需	市场需求影响企业产品的价格上限。如果市场需求量大，产品供不应求，那么价格就会随之上涨；如果市场需求量小，产品供过于求，价格就会下降
市场竞争情况	外贸企业经营的产品，其价格在成本和消费者感知的价值之间，换句话说，产品价格高低还要考虑市场竞争因素。而不同的市场，其竞争状况又会不同，外贸企业需要制定相应的定价策略
产品定位	高端产品的目标客户一般愿意支付较高的价格，而中低端产品的目标客户更注重产品的性价比。因此，外贸企业需要根据产品的定位来确定相应的报价或者制定相应的价格策略
销售渠道	企业如果采用直销模式销售产品，价格策略就比较简单；如果采用分销模式销售产品，就需要考虑中间商的成本和利润空间。因此，在报价时需要给中间商或者终端客户留有一定的利润空间，但同时也要保证企业的利润空间不被挤压
宏观经济环境	经济繁荣时期，消费者的购买力较强，购买意愿浓厚，企业可以提高产品价格；经济不景气时，消费者购买力较弱，购买意愿淡薄，企业需要制定相应的价格策略，在保证自身盈利空间的基础上适当降价
汇率	外贸合作面对的是境外客户，外贸员报价时一般选择外币结算，需要根据汇率进行换算，因此，报价要考虑汇率的变动。汇率主要表现为外汇牌价，即各指定银行公布的外汇兑换挂牌价，分为现汇卖出价、现汇买入价、现钞卖出价和现钞买入价。出口贸易主要涉及现汇买入价和现汇卖出价

续上表

因　素	解　释
预期利润	企业经营目的就是获利，因此，预期利润水平也会影响产品报价。预期利润低，报价可以低一些；预期利润高，报价可以高一些。预期利润与产品成本是产品报价首要考虑的因素
资金周转情况	企业急需资金周转，就需要把报价定在对客户最有吸引力的水平
竞争对手价格	竞争对手的产品价格会在一定程度上影响企业自身的定价。竞争对手的产品价格高，企业可以报高一点的价格；反之，报低一点的价格
企业品牌形象	外贸企业专注于高端市场，且品牌形象很好，那么更倾向于报高价，如果报价太低，反而可能破坏品牌形象，降低客户对公司和品牌的信任度
促销策略	各种形式的促销、打折和优惠活动的组合运用也会影响产品最终的报价。比如企业想要通过促销活动吸引客户，则报价通常按照促销价来定，价格可能比正常售价低；如果不开展任何促销活动，则报价通常只需要考虑前面的因素来定

实际外贸业务中，影响产品报价的因素远不止这些，外贸业务员需不断学习掌握。

比如，智能手表的主要原材料包括芯片、显示屏和电池等，假设原材料价格波动，芯片价格上涨10%，显示屏价格下降5%，电池价格保持不变，芯片占总成本的30%，则总成本增加3%；显示屏占总成本的20%，则总成本下降1%，综合来看，总成本增加2%。此时对外报价就可能上浮2%。

又比如，当新能源汽车市场需求旺盛而供给不足时，企业会提高报价以获取更高利润。

又或者，笔记本电脑的品牌定位，如苹果的MacBook系列，其品牌定位高端，注重设计和用户体验，价格通常在8 000~20 000元；而联想的ThinkPad T系列，价格在5 000~8 000元。

3.1.2　首次报价策略：平衡利润与吸引力

外贸业务员与潜在客户初次接触，第一次报的价格确实会影响成交或者继续谈判。那么，当一个客户发出一个询盘给多个供应商，或者通过B2B平台发出一个公开询盘时，则在接下来的几天内势必会收到大量的回复和报价邮件，此时买方要做的就是从海量的潜在供应商中找到其认为报价合适、产品不错的供应商。

这里所谓的报价合适，并不是说第一次就报超低价，虽然这样可以吸引客户目光，但仅依靠低价还不足以打动客户，因为供应商不止一个，别人也可以报低价。那么，第一次报价究竟该怎么做呢？

1. 做好报价的准备工作

外贸员第一次向客户报价前，要做好相应的准备工作，比如，要明确我是谁，即深入了解自己的产品，包括生产成本、运输成本、税费、性能、规格、质量、档次和不同配置等；要明确客户是谁，即做好市场调研，明确目标客户群体的需求和购买能力；要明确竞争对手是谁，即分析竞争对手的产品、价格和销售策略等；报价要遵循一般性原则，比如报出的价格要保证公司能盈利，要站在客户的角度思考问题，向客户报出的价格要完整且符合实际等。

2. 写一封专业的回复邮件

向客户报价，先要从大局上写一封专业的回复邮件，让客户感受到公司做事的专业性，会产生好感，从而建立信任关系，为后续报价奠定基础。专业的报价邮件要做到以下几点：

①邮件的第一段，一开始就把姿态放低，向客户发出基本的寒暄。比如，感谢客户的询价，谢谢客户给的机会，非常希望能与客户合作和学习。

②第二段，直奔主题，请客户看附件的详细报价单，如果有任何疑问，请客户随时联系自己，自己会随时待命，且非常乐意为客户提供专业的服务。如果客户询价的产品比较单一，也可以直接在邮件中以表格形式列出报价；如果询价涉及的产品很多，需要多份报价单，外贸业务员也可以分几封邮件发送。

③第三段，对客户的一些特殊需求进行回复。比如，客户想看一看样品，外贸员可以在报价单的这个部分进行具体的回复，诸如有哪些产品可以寄

样，稍后会列出一个清单给客户参考；有哪些产品可以先试用，稍后怎么安排等。

④第四段，结尾寒暄，充分体现礼貌。

这是典型的四段式写法，条理和逻辑清晰。剩下的就是遣词造句了，尽量不要使用很复杂的句型，也不要有冷僻单词。这是第一次报价发出的第一封邮件，接下来双方开始线上交流，就会涉及第二封、第三封……这些邮件就要发挥弥补和处理第一封邮件留下的问题的作用。

3. 分情况区别报价

通过有效手段明确客户询价来源，从而区分不同类型的询盘，然后区别报价。

①询问特定物质的供应情况的客户，比如询问公司是否可以提供 10 kg DDP（完税交货）至其邮件地址的报价，这就表明客户需求量小且配送成本较高，此时公司的报价策略就要更谨慎一些，报价可以相对高一些。

②询价信息比较详细，比如询问 CIF 海运至某地的报价，并明确表示为 1 FCL（整柜），这就表明客户可能在进行价格对比，从而寻找最优选项。此时，外贸业务员除了提供报价，还需与客户做进一步的沟通来了解其需求，如产品应用范围、目标市场等。

③普通贸易商的需求通常是产品种类多样化，但采购量不大，采购时主要依赖当地市场的人脉与关系，所以报价时需要考虑国家或地区、产品应用、需求量和目标市场等因素。如果是专业的经销商，其对价格非常敏感，此时需要在了解其目标价格后再制定报价策略。如果是终端客户，其采购量相对较小，产品种类较多，同时对价格的敏感度也没有经销商那么高，适合作为公司的长期客户发展，此时的报价可以从达成长期合作的角度考量。

4. 报价的具体做法

报价前一定要进行客户背景、实力和销售模式的分析、总结和评估，比如客户地处哪个国家、地区、城市，是否属于公司产品的目标市场，客户主要的产品经营范围和销售方式，客户的购买能力和诚意，客户对公司产品的熟悉程度，不同地区的客户习惯等。切忌随意揣测客户属性而盲目报价。

外贸员要问清楚客户对产品的要求，包括包装、数量等，在此基础上，外贸员可以向客户建议合适的产品，从而向客户展示公司的专业性。此时简单报价、敷衍了事是万万不可的，更不能为了追求时效而仓促报价或者延迟报价。外语不流利也没关系，重要的是把产品的术语记好，沟通前想想要问的问题，沟通时做好相应记录。如果不尊重客户的询盘，随意向客户介绍产品，可能由此失去与客户合作的机会。

在尽可能充分地了解客户后，外贸员就可以确定报价了，接着就要制作报价单。

5. 做好报价之后的跟踪工作

外贸员一定要避免报价之后就与客户断了联系，毕竟生意都是一次次交流出来的。一次报价后就直接拿到订单的少之又少。

所以，外贸员向客户报价后，应继续强化客户对公司产品或服务的认识，在此过程中可以顺便了解客户的营运规律、采购计划和销售计划等，要保持有节奏地跟进。

总之，向客户第一次报价要做到清晰的结构和布局、信息详细、定价合理、专业分析、明确的条款和条件、精美的设计等，确保邮件和报价单等看起来专业且易于阅读，让客户能直观地了解产品，避免客户对报价产生误解，同时以精美的图片和清晰的视频来增强视觉效果，充分吸引客户的目光。

3.1.3　客户接受度提升：报价技巧与心理策略

向客户报价是最考验外贸员能力的一环，报价太高会吓跑客户，报价太低又可能达不到公司预期的利润水平。那么，要如何报价才能让客户更容易接受呢？常见的策略见表3-2。

表3-2 让客户更易接受的报价策略

策略	解释
提供两个报价选项	给客户提供两个报价，一个较低的价格，一个正常价格或者略高的价格，这样能满足不同需求层次的客户，同时还能吸引客户的注意，为后续的合作奠定基础
科学推断客户的心理价位	报价前，尽最大努力了解客户的心理价位，再根据客户的类型和需求，提供合适的报价。比如，对行情不太了解的客户，可以适当提高报价，留出一定的讨价还价空间；对熟知行情的客户，应尽量压低价格，以薄利多销的手段留住客户
报价要自信且专业	无论是内销还是外销，作为销售员，自信是必备的工作技能。向客户报价时一定要表现出强大的自信和专业能力，避免吞吞吐吐、犹犹豫豫，给客户留下不专业、不果断的印象。专业报价还要求外贸员确保报价的内容包含了详细的产品信息，突出了公司的优势
报价前先展示产品优势	外贸员在向客户报价前先介绍产品优势，这样可以让客户更好地了解公司产品，让客户感受到"一分钱一分货"的道理，为后期正式报价做好铺垫
持续跟进客户状态	报价后，外贸员可以持续不断地跟进客户对于产品价格的考量，从而不断协商沟通，提高报价的成功率
运用说话艺术	①对您来说，产品质量应该比钱更重要，毕竟产品质量的好坏直接决定了使用年限，谁也不想刚用上没多久就坏掉了，您说是吧？ ②产品型号不同，价格也会不同，不知道您想要一款什么类型的产品呢？ ③看您是诚心合作，不如先说说您的预期价格吧。 说话艺术的运用通常贯穿于其他报价策略中
有技巧地降价	当与客户在价格谈判环节出现僵局时，如果不降低价格，双方可能很难继续沟通。此时不能一味地降价，外贸员需要有技巧的降价，让客户觉得此次机会难得。降价技巧如下： ①降价要找对关键人，即可以做主的人，防止价格降到最低时对方还嫌贵。 ②降价的幅度要层层递进，一般先多后少，切忌一开始就降到最低价。 ③降价就代表后退、妥协，外贸员在妥协的同时，也要让客户做出相应的让步，让客户感到降价的不易。 ④让客户感受到公司只向客户一个人做出让步，这样客户会认为自己是被优待的
价格细分	当客户觉得产品价格高了，可以采用价格细分的方式让客户感觉到便宜，这种方法应在客户对产品有很充分的了解情况下使用，比如在价格谈判即将结束时。如果在客户还没有充分了解公司产品的情况下进行价格细分，会让客户感觉充满套路，不利于双方建立友好、诚信的合作关系。 这种策略适用于客户觉得公司产品能满足其需求，想要购买但又嫌贵的情况

续上表

策　略	解　释
刺激客户痛点	很多销售人员在听到客户说自己负担不起时，就会马上采用降价的方式来吸引客户购买，但很多时候即使降价了，客户还是不买，外贸员需分析其中的原因： ①没有刺激到客户的痛点，客户认为没有必要买这个价格的产品，便宜一点的也可以。 ②客户没有发现产品真正的价值。 ③客户的资金实力确实负担不起。 前两种情况可以采用前面的策略来破解，而对于第三种情况，有以下解决办法： ①向客户推荐价格稍低的产品，让客户觉得主动权掌握在他们手里，花钱多少，买哪种产品，都由客户自己决定，客户会根据自己的需要选择最适合自己的产品。这种方法类似于"提供两个报价选项"。 ②从付款方式入手，向客户提供分期付款方式，减轻客户的经济压力。 ③与客户商议，看是否能减少其他方面的投入，节省出更多的资金来购买当前看中的产品。 ④与客户商量，建议客户先购买少量产品来应急或者试试看，等资金宽裕了再大量购买

3.1.4　做一份高质量的报价单

在本书前面章节中我们已经了解了专业报价单是什么样的，这里主要从报价单的结构、内容以及制作报价单的流程学习如何制作一份高质量报价单。

1. 报价单的结构和内容

报价单能够专业且准确地展示产品的价格信息，承载的信息比较全面，其结构和内容如下：

（1）单头

报价单的单头主要包括抬头、报价日期、卖家基本信息和买家基本信息等内容，这是报价单的重要组成部分。

抬头：包括报价单标题（quotation/quotation form/price list）、参考编号（reference no.）、报价日期（quotation date）、有效日期（valid date）等。

卖家基本信息：工厂标志（factory logo）、公司名称（company）、详细地址（detailed address）、邮政编码（post code）、联系人姓名（contact）、职位名称（job title）、电话号码（telephone No.）、传真号码（fax No.）、手机号码（mobile No.）、邮箱地址（E-mail address）、联系方式（messenger online）、公司网址（website address）等。

买家基本信息：与卖家基本信息一一对应。

（2）产品基本信息

产品基本信息主要根据实际情况确定，包括但不限于以下内容：

序号（no.）、货号（item no.）、型号（type）、产品名称（product name）、交期（delivery time）、最小订单量（minimum quantity order）、备注（remark）、产品图片（photo）、产品描述（description）、原材料（materials）、规格（specification）、尺寸（size）、长度（length）、宽度（width）、高度（height）、厚度（thickness）、管径（tube's diameter）、口径（caliber）、形状（shape）、外观颜色（colors）等。

（3）产品技术参数

产品技术参数是衡量产品或设备性能的指标，其数值通常由产品或设备的各项技术指标测得或者推算得出。技术参数的种类很多，主要分为定量参数和定性参数。

定量参数是数值化参数，如长度、宽度、电压、功率、使用寿命等，用来比较不同产品或设备、不同型号之间的差异。定性参数是一些描述性参数，如产品颜色、质量、用途以及适用范围等。

产品技术参数是消费者选择产品或设备的重要依据，因此，报价单中有必要进行确切地说明。

（4）价格条款

报价单中的价格条款包括贸易方式（EXW、FOB、CFR、CIF）、装运港（loading port）、目的港（destination port）、货币种类（currency）、

汇率（exchange rate）、单价（unit price）、单位（unit）等内容。

实际贸易活动中，报价单的格式和内容并不是统一不变的，外贸业务员需根据实际情况省略或添加某些项目或内容。表 3-3 是某外贸公司使用的报价单格式。

表 3-3　报价单示例

Company Name（公司名称） QUOTATION（报价单）				
Quote Number（报价编号）：		Quote Date（报价日期）：		
Supplier（供应商）： Post code（邮政编码）： Contacts（联系人）： Address（地址）： Telephone（电话）： MSN（MSN 账号）： Fax（传真）： Web（网址）：		Buyer（买方）： Post code（邮政编码）： Contacts（联系人）： Address（地址）： Telephone（电话）： MSN（MSN 账号）： Fax（传真）： Web（网址）：		
Payment Term（付款条件）	F.O.B.（离岸价）	Production Time（生产日期）		Packaging（包装）
Commodity（品名）	CAS Number（CAS 编号）	Quantity（数量）		Unit Price（单价）
Shipment（运输）				
Insurance（保险）				
Remarks（备注）				

需要注意的是，有了报价单并不等于要省略邮件内容，正确的报价邮件应该是"邮件内容＋报价单"形式，其中，邮件内容简单回应客户的询盘，相当于引言。

报价单在设计时可以突出公司标志，比如在抬头位置加入 logo。为了保险起见，可以提供多个版本的报价单，如 Word、Excel 和 PDF 等，如果客户没有特别要求，通常使用 PDF 格式，规避兼容性问题。另外，制作报价单时尽量使用客户的母语，因此不只有通用的英文版本报价单，这样会让客户对公司产生好感。

2. 制作报价单的流程

制作一份高质量的报价单需要综合考虑多个方面，确保内容专业、全面，版面美观。图 3-1 的操作步骤可供参考。

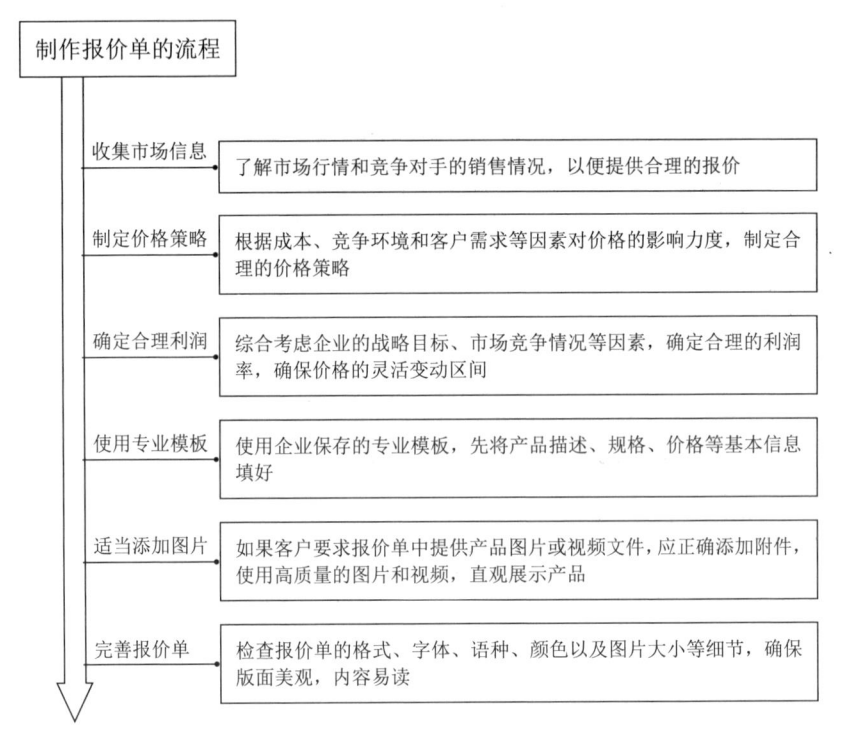

```
制作报价单的流程
    │
    ├── 收集市场信息 —— 了解市场行情和竞争对手的销售情况，以便提供合理的报价
    │
    ├── 制定价格策略 —— 根据成本、竞争环境和客户需求等因素对价格的影响力度，制定合理的价格策略
    │
    ├── 确定合理利润 —— 综合考虑企业的战略目标、市场竞争情况等因素，确定合理的利润率，确保价格的灵活变动区间
    │
    ├── 使用专业模板 —— 使用企业保存的专业模板，先将产品描述、规格、价格等基本信息填好
    │
    ├── 适当添加图片 —— 如果客户要求报价单中提供产品图片或视频文件，应正确添加附件，使用高质量的图片和视频，直观展示产品
    │
    └── 完善报价单 —— 检查报价单的格式、字体、语种、颜色以及图片大小等细节，确保版面美观，内容易读
```

图 3-1 制作报价单的流程

3.2　询盘回复为促成交易助力

上一节主要介绍了报价回复的相关内容，但在实际贸易活动中，客户发来询盘后，公司发给客户的第一份邮件并不一定是关于报价的，如果不是，此时又该怎样回复才能对促成交易有所助益呢？

3.2.1　询盘价值评估：精准识别潜在客户

进行外贸客户询盘的价值分析，可以识别潜在客户的真实需求、偏好和购买意向，为客户提供定制化的产品或服务，建立信任，避免不必要的沟通障碍，从而为后续的交易提供有力支持，避免在竞争中处于劣势。

那么，对外贸客户进行询盘价值分析，具体包括哪些内容呢？

挖掘客户信息：如客户所在国家或地区、行业、购买历史、以往的合作经验等。这些信息有助于外贸公司判断客户的潜在价值和合作的可能性。通过分析客户的询盘内容，可以了解客户对产品的具体需求、规格、数量等。从而判断客户的需求是否与本企业的产品或服务相匹配，从而让公司更好地把握市场动态。

了解客户的沟通偏好和效率要求：通过分析客户的询盘方式，如书面、电子邮件或者口头等，以此了解客户的沟通偏好和效率要求。不同的沟通方式反映了客户对交易的紧迫程度和对细节的关注程度，这对后续外贸公司制定沟通策略和进行交易进程安排有很重要的作用。

促进产品和服务优化：对外贸企业来说，每一个询盘都是潜在的销售机会，通过有效的回复和跟进，企业可促成交易，实现销售目标，同时也能通过不断积累客户的反馈和市场信息，不断优化产品和服务，提高市场竞争力。

识别出高质量的潜在客户：通过对客户询盘进行价值分析，可以识别出高质量的潜在客户，避免在无效客户身上浪费资源和时间，同时也能识别出可能存在的风险，如文化差异，从而提前做好准备，避免不必要的冲突和误解。

外贸客户询盘不仅是交易的前奏，更是企业了解市场、提升品牌价值的重要途径，可以让企业更明确自己的市场定位，优化客户服务，提高交易成功率。所以，认真对待每一个询盘，进行深入的询盘价值分析，对外贸企业来说很重要。

3.2.2 面对买方的还盘该如何应对

在本书前面内容中已经学习过如何回复客户的询盘，这里针对买方还盘，看看外贸员该如何回复和应对。

1. 向老板争取优惠支持

当客户不满意公司的报价时，此时可以通过向对方说明向老板争取优惠支持来展现主动性。

客户：你们的价格还不够优惠。

出口公司：请稍等，我们立即联系老板，争取我们能提供的最大折扣。虽然贵公司在其他领域可能更专业，但在××领域，我们会竭尽全力为您争取最佳价格。

客户：我们的理想价格是××。

出口公司：我们给您报出的价格已经非常优惠了，我可以向我们公司老板争取一下，看看还有没有调价的可能，具体情况过两天邮件回复您。

客户：贵公司还能不能再优惠一点。

出口公司：我们给您的报价已经很优惠了，您可以向其他供应商打听，不过我也可以再向我们老板争取一下，请您耐心等待。

这样的回复，不仅能体现公司给予客户的理解和体谅，也为后续双方谈判设定了底线。

2. 策略性调价

在与客户讨价还价的过程中，外贸员可以结合"吉利"数字进行策略性调价，以此表达诚意。

客户：贵公司的报价还能再低一点吗？

出口公司：原报价是××元，为了迎合喜庆的××节，我提议调整为××元，您觉得如何？

客户：贵公司就不能再便宜点吗？

出口公司：这样吧，最近也是我们公司××年周年庆，一个"吉利"数字，××元，贵方觉得可以吧？

这样的还价策略，既体现了公司的贴心和对客户的祝福，也为价格谈判营造了良好的氛围。

3. 赠送小礼品

如果外贸员发现客户还价的过程中比较关注公司的小件产品，此时可以借机将小产品作为礼品赠送给客户，从而转移客户的注意力，让客户不知不觉放弃主要产品的还价要求。

客户：我们还想搭配一些小件。

出口公司：我们的报价已经很便宜了。这样吧，我为您多申请一些小件产品，能完美地搭配贵公司的××产品，让贵公司在销售业务中也能占据优势。

客户：您能再给我们便宜点吗？

出口公司：我们给您的价格已经低于市场批发价了，这种大件物品的造价很高，我们几乎不赚什么钱。这样吧，我给您申请一些免费的小件产品，这样您也不用再单独购买了，您看可以吗？

4. 强调服务承诺

有些客户在还价时并没有那么坚定，此时外贸员可以通过强调增值服务承诺，让客户放弃还价。

客户：价格能不能再便宜一点？

出口公司：我们向贵公司提供的报价已经很划算了，而且贵公司也充分了解了我们的产品，质量优良、保障可靠，而且我们的售后服务会保障……您就放心吧。

客户：我们能不能以××价格成交？

出口公司：这个不太现实，您知道我们的产品质量很好，这个价格我们确实无法接受。您放心，在合作过程中，如果遇到任何问题，贵公司可随时联系我们，我们会竭诚为您解决，我们会用周到和细致的服务让您满意而归。

5. 保持坚定立场并适度施压

如果客户坚持还价，而公司根据自身发展需求认为不能再降价，此时外贸员一定要坚定立场，从侧面向客户施压，给客户紧迫感。

客户：您再给我们优惠一点吧。

出口公司：我们的报价真的不能再降了，您可以看看现在市面上其他供应商报出的价格，现在这类产品处于供小于求的时期，我敢肯定，您去其他供应商拿货很难有这么优惠的价格了。

在给客户适度施压时，一定要注意压力的合理性。

实际面对客户的还价时，还有很多其他有效的处理方法，外贸员可以不断积累运用，但不管运用哪种应对方法，都要坚持价格底线，不能毫无下限地满足客户的还价要求。

3.2.3 外贸沟通回复高手支着儿

无论是客户发来询盘需要报价，还是客户还盘后需要回复客户，贸易过程中双方的沟通回复都需要掌握一些技巧和策略，具体见表3-4。

表3-4 询盘回复的技巧或策略

技巧或策略	简 述
简短且明确的回复	给予客户简短且明确的回复，如"您好，您的询盘我们已经收到。""您好，您的还价我们已经知悉。"这样迅速回应客户，可以展现公司的专业性和工作效率，接下来再慢慢讨论细节

续上表

技巧或策略	简 述
详细报价并附上解释说明	针对客户感兴趣的产品提供详细的报价，包括产品成本、运输成本和总成本等，并说明运输方式和时间，越详细的报价和说明，越能让客户真切感受到公司的诚意
引导客户做出肯定答复	无论在什么环节，外贸员都可以使用恰当的问题引导客户给予肯定答复。比如，Is product warranty important to you?（产品保修对您来说重要吗？）这样会使公司占据主导地位，如果客户回答肯定，则接下来的提议或条件会更容易被客户接受
适当让步	在询盘、报价、还盘等商务往来中，适当让步是有必要的，外贸员需要注意的是让步的度，让步要恰到好处，避免过度让步导致损失甚至让己方处于不利地位。比如"我们所能做的就是再……""我们最多能提供……的优惠"
深思熟虑再做决定	沟通中，在面对无法立即决定的问题，或是自己无法做主的问题时，不要仓促回答，应向对方明确表示需要时间考虑，这样有助于做出更明智的决策。比如"请让我们考虑一下""明天再答复您可以吗""这个让步太大了，我需要向领导和老板请示，请稍等一下"
沟通清晰准确	如果没有听懂对方的话，一定要请求对方重复说明，比如"您介意再讲一遍吗？我不是很理解""您可以再讲述一下您的需求吗？我再确认一下"。另外，外贸员还要确保客户听懂了己方的意思，比如"您了解了吗""您还有什么疑问吗""您有没有什么地方还不明白的"
换位思考	外贸员要站在客户的位置进行设想，思考他们期待哪一种答复，提供的产品或服务是否能满足他们的需求等，这样有助于提供更符合客户期望的答复，提高成交率
灵活应对客户的异议	当客户提出异议时，如价格、交货期等，外贸员要灵活应对，给出合理解释和解决方案。比如，客户对价格有异议，可以强调产品的质量和服务的优势；对交货期有异议，可以向客户提供多种运输方案，供客户任意选择
强调双方相同的处境	强调双方的相同点是说服沟通的技巧之一，这样可以使客户产生认同感，从而达成协议。比如"Our costs are way up too.（我们的成本也上涨了。）"以使客户觉得己方也不容易，也面临着成本上涨的困境，客户再不愿意也只能接受涨价
坚定立场自信从容	人们通常都会对自信从容的人产生敬佩之情，外贸员也可以通过与客户自信从容的沟通，获得客户的好感，同时坚定立场，客户就可能在你的"威势"下"乖乖就范、言听计从"
掌握说"不"的技巧	商务沟通中，该拒绝时就应该斩钉截铁地说"不"，拐弯抹角地搪塞客户会让对方觉得你做事不够干脆利落，更不会因为你的委婉拒绝而妥协。比如"That's difficult. Yes, but..."（那样很困难，但是……）相反，如果直接说"不"，让对方清楚地知道其被拒绝，对方很可能还会从其他方面入手协商，这样己方会站在比较有利的位置，如"No, but..."，这种方法一定要注意给客户保留面子

105

续上表

技巧或策略	简述
语速语气的适时调节	贸易沟通是一个较长的过程，无论是写开发信，还是写往来商务邮件，又或者是面对面交谈，外贸员都要时刻注意自己的语速和语气，给人亲切温暖、态度温和、有事好商量的感受，从而获得客户信任
不要催促客户下决定	催促客户下决定，容易干扰对方思考，严重时容易激怒对方，结果很可能谈判破裂而无法成交，一定不要说"Have you decided?（你决定了吗？）"沟通时要留有一定的考虑时间给客户，让对方能认真思考对话内容
学会沉默	面对客户提出的无法接受的提议，有时沉默是最有力的回答，这种"无动于衷"会给客户带来无形的压力，比直接拒绝客户的效果还要好
学会赞美客户	人人都喜欢得到赞美，由此会心情舒畅。所以，外贸员可以在与客户交流时适当赞美对方，让对方在愉悦的谈话氛围中接受己方的报价或者方案
学会寻找问题症结	任何冲突或误解的产生都有潜在原因，一旦与客户沟通出现僵局时，就要立刻积极地探索原因，比如"What seems to be the trouble?（您有什么困难吗？）""Is there anything we should be aware of?（有什么需要我们注意的吗？）"

外贸沟通回复的技巧需要外贸员在工作中不断学习和积累，然后灵活运用到工作中。

3.3 报价问题的妥善处理

对外贸企业来说，处理不好报价问题，很可能影响后续的成交。因此，外贸员一定要提高交易技能，争取妥善处理每一次报价。

3.3.1 报价后客户不回复怎么办

报价后客户不回复，这时外贸员千万不能慌，也不要急于放弃，因为可能是客户太忙了，没有及时回复；或者是信件太多了，还没有看到我们的邮件。那么，比较可靠的做法有哪些呢？

①稍作等待，然后再主动询问客户的想法。

②回顾一下，看报价是否清晰明了，有没有遗漏的信息或者细节。如

果有，完善报价后，再次联系客户，充分展现工作的专业性和促成合作的诚意。

③多次联系仍然没有回复的，可以尝试重新报价，可以是更低的价格或者更好的交易条件。但要注意，给予客户更低的价格，很可能影响己方的利润，要仔细考虑后再做决定。

④给客户发送样品，让客户眼见为实，了解公司的产品或服务。这种方法会增加公司的经营成本，需要与领导协商处理。

⑤有些客户不回复并不是拒绝公司的报价，而是还在犹豫，此时搭配主动询问的方法，适当为客户提供一些优惠或者增值服务，给客户一个难以拒绝报价的理由。

⑥如果确认客户对公司产品不感兴趣，或者直接被公司报价吓退，可以主动邀请客户进行再次协商和沟通。这时就需要提出一些优惠政策或额外的服务项目，以此增加客户的兴趣和信任度。

⑦等待客户回复的同时，外贸员可定期发送简短的跟进信息，如"您好，您最近是否有时间考虑我们的报价？""如果您有任何疑问或者需要进一步讨论价格问题，请随时告诉我们。"这样可以让客户看到公司的诚意和态度。

⑧如果邮件没有得到回复，外贸员可以试着打电话或者通过客户网站上的即时聊天工具联系对方，这样也避免重复联系引起客户不满。

⑨可以尝试向客户提供更多信息，如关于产品的更多细节或者关于价格的更多选择，方便客户更好地了解产品并尽快回复。

外贸员无论怎么做，都要保持自身的主动性，积极跟踪客户的反馈意见，双方要建立良好的沟通关系，这样才能通过交流知道对方的真实想法，从而走好下一步。

3.3.2 报错价格要如何挽救

若外贸员报错了价格，采取适当的措施挽救局面非常关键，毕竟价格报低了会造成公司的经济损失；价格报高了会吓退客户，不利于开发客户和达成交易。

如果在开发客户的过程中报错了价格，尤其是价格报高了，可以参考图 3-2 中的思路挽救局面。

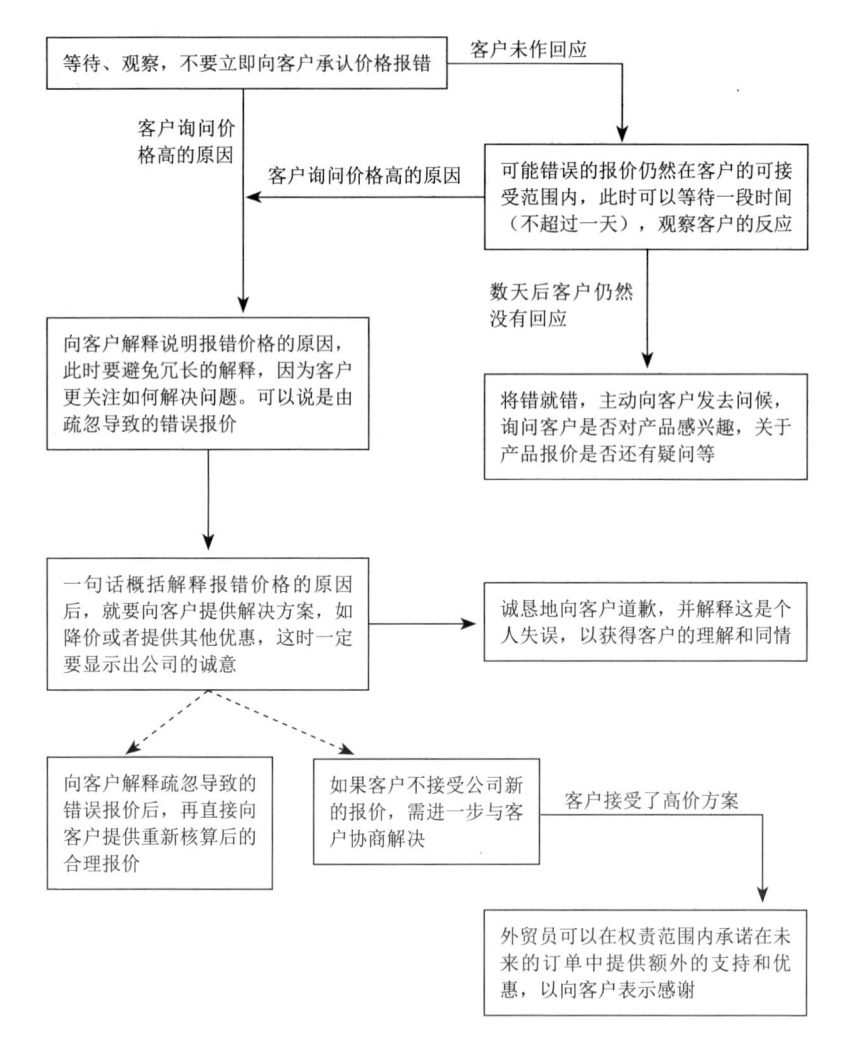

图 3-2 挽救报错价格的思路

如果给客户报错价格，且价格报低了，此时对外贸员来说会更难处理，但也有一些挽救的方法，具体如下：

1. 寻找加价的理由

这种解决办法适用于发送给客户的报价邮件中没有附加条件的情况，比如付款方式、交货方式或者报价单有效期等条件。

当外贸员发现已经发送给客户的报价单中的价格报低了，可以快速补发一封邮件，内容可以是：忘记跟您说了，上一封邮件的产品报价是电汇预付全款的价格，如果贵公司想要使用信用证付款方式，那么价格会更高，相关报价见本邮件的附件。

这样做不仅可以避免直接承认报错价格，还可以顺理成章地将正常的报价提供给客户。此时就将选择权交给了客户，即使客户选择电汇预付全款，对公司来说损失也不大，反而能快速收回资金，提高资金使用效率。如果客户不能接受电汇预付全款的付款方式，也接受不了信用证付款方式下的报价，就可以选择不与公司合作，或者再次联系公司，要求进一步商议。

也可以补发一封邮件给客户，说明之前的报价有一些附加条件，比如订单量加一倍等。这样一来，虽然公司可能以低价成交，但同时增加了销量，拓宽了盈利的范围。

2. 向客户道歉并提出加价方案

如果发现向客户报低价格后又没有合适的理由加价，此时既想避免公司的损失，又想挽回客户，就只能向客户解释报错价格的原因，同时向客户真诚地道歉，坦承因为自己的失误导致报错价格，请客户谅解。

报错价格已经显得办事不够专业了，此时要尽早挽回公司在客户心中的形象，大方地承认错误，不要找诸多借口来掩盖错报价格的事，不要为了面子丢了信誉。诚挚地道歉并承认错误反而能得到客户的理解。此时，客户被加价肯定会不高兴，外贸员就需要向客户提供适当的优惠或者增值服务，以安抚客户的情绪。

3. 低价接单发展长期客户

如果发现报错的低价不会导致公司亏损，且确认对方是待开发性较高的客户，外贸员就可以考虑按照报错的低价格接单。此时，虽然不赚钱，但是可以顺利开发客户，甚至有机会将该客户发展为公司的长期稳定客户，也是一种不错的选择。

这样的做法，充分体现了公司看中的不是一时的利益，而是长远的发展。单个客户的长期资源往往比眼前的一两个小额订单更值得公司珍惜。

总之，当外贸员发现向客户报错价格时，可以遵循以下原则处理：

①能避免直接承认报错价格的，尽量避免直接承认。

②必须要承认报错价格的，坦然承认。

③可以找到加价理由的，寻找合理的理由向客户提出加价方案。

④无法找到加价理由的，给低价格成交附加相应的条件。

⑤无法通过附加相应条件来挽救局面的，只能判断客户是否属于可低价成交的待开发性较高的客户，如果是，接受低价成交；如果不是，则向客户道歉，直接提出加价方案，将选择权交给客户，让客户选择是否接受加价方案。

3.3.3 灵活运用虚盘试探客户

外贸报价规则要求包括完整的价格术语表达式、品名、价格有效期、可供应的数量、交货时间等要素，这称为实盘。这种报价有一定的效力，一旦客户接受报价，报价方不可更改。

虚盘是指在与客户初次接触时遗漏了要素，使报价单格式不完整，没有最终的效力的报盘。虚盘给客户感觉公司好商量的样子，给双方都留有回旋的余地。灵活运用虚盘是外贸谈判的基本技巧。

比如，外贸员在报价之后，客户如果没有反应，就再发一个低点价的虚盘试试水，看看客户什么态度。如果他们有兴趣了，就再调整一下出货量，达到薄利多销的效果；或者调整一下交货时间，怎么方便怎么调，以节省成本、弥补降价带来的损失。

又比如，将几个产品打包报价，赚取平衡收益。

当然，客户也会试探供应商，尤其是刚开始接触的时候，问东问西，其实可能就盯着那么一两个产品。这时，出口公司报价就要小心了，不要一股脑儿地全报了，除非客户明确采购数量，否则客户最后只要便宜的，这样公司就吃亏了。

还有一种情况，当遇到一些"老油条"客户，明明对市场情况清楚，但还是故意问一些老产品的价格。这时，他们可能在试探出口公司的底线和报价水分。外贸员一定要心里有数，老产品利润本来就不高，不要贪心而报高价，否则客户一比价，就会知道报价水分，在客户心中的好形象就会全毁。

作为出口方，对于新客户，报价应留有余地，报低价吸引客户兴趣，然后调整价格，以求成交。初次接触客户，报价不宜过于正规，可通过规定最低订货量等"留尾"策略，来对客户的选择进行限制。

多数情况下，外贸报价的尺度非常灵活，尤其是那些利润空间较大的产品，如日用消费品、工艺品等。对于这些产品，如果公司不分析市场和客户情况，一味地固守一个价位的报价，很容易丧失成交机会。

而就产品迭代情况来看，老款式产品的报价可以稍低，常规产品价位中等，新产品的报价可以略高。

在制作报价单时，对于初次接触的客户，尽量不要用 quote 这样正规的词来报价，可以用 price 来象征性地表示报价，有时甚至都不出现 price 这个词，让报价成为一个虚盘。

利用虚盘试探客户的重点是必须留一个"尾巴"来试探客户，举个例子。

出口公司事先规定一个最低订货量，作为后期与客户讨价还价的筹码之一。报价时，外贸员在虚盘中补充说明"上述报价仅作为参考，如您理解，根据订货量、交货时间和付款方式的不同，价格会有很大的区别，甚至可能高达 ×% 的折扣"。

这样"留尾巴"的方式，可以拓展为两种常见的报价技巧：低价留尾和高价留尾。

低价留尾：是指报一个低价，但规定一个比较大的起订量，甚至远远高于预估的客户可能订购量。这种做法的思路是用低价引起客户的兴趣，同时为将来涨价提供顺理成章的依据，即客户订购量不满足条件，价格当然要高一些。这里的"低价"是指接近成本、利润不高的价格。

高价留尾：是指报一个高价，然后特意规定一个较小的订货量（预估客户不难达到的采购量），并向客户许诺，如果采购量超过这个较小订货量，价格会有优惠。也可以向客户表示，可以根据付款方式的不同，给予较大的优惠等。这种做法的思路是先要高价，但同时鼓励客户就地还价。

实际贸易活动中，外贸员选择低价留尾法还是高价留尾法，主要视客户情况而定。如果发现客户有大规模的网站和分支机构，或者在网上大肆散布求购信息，说明这样的客户是大客户，其采购量通常比较大，而且出口公司会面临很多竞争对手，因此最好采用低价法，先以低价吸引客户的注意力，然后通过较大的起订量约束客户的采购量。如果刚开始报价过高，很容易让客户望而却步，直接忽略你。

如果发现客户是一些不熟悉行情的中间商，外贸员就可以采用高价留尾法，并且在往来函件中主动介绍行业内产品专业技术情况，故意把情况弄复杂，给客户一种"这类产品很有讲究，外行容易上当"的感觉，最后利用客户"花钱买稳妥"的心态，让客户接受高价。如果遇到熟悉行情的中间商，高价留尾法也可以通过试探对方来得知其真实意图，然后确定其购买意愿后再以其他优惠方式降价。

运用虚盘试探客户这一报价策略与前述某些方法有异曲同工之妙，无论哪一种，都要尽可能变被动为主动，提高报价灵活性。

3.3.4 国际结算的注意事项

无论是出口方，还是进口方，在国际结算过程中都要确保业务合规，防止违规操作。外贸员需牢记国际结算的注意事项，主要包括选择合适的结算方式、了解外汇风险、加强单据管理、做好信用风险管理等。

1. 选择合适的结算方式

在与客户进行国际结算时,需根据自身业务需求和资金状况,选择合适的结算方式;也可以根据交易的性质和风险程度进行选择。

常见的结算方式包括汇付、托收和信用证等。每种方式各有特点和适用场景。比如,100%T/T advance 适合样品或小订单;T/T 定金 + 尾款即期信用证对出口企业来说更安全。

2. 了解外汇风险

与外贸客户进行国际结算时,一定要先了解外汇风险,这是一个需要特别注意的问题。简单理解,外汇风险是指一个企业的成本、利润、现金流或市场价值等因外汇汇率波动而引起的潜在上涨或下降的风险。由此可见,外汇汇率波动既可能给企业带来损失,也可能给企业带来收益。

了解外汇风险,能保证企业核算的产品报价更准确、更科学。外汇风险包括交易风险、折算风险和经济风险等,简单介绍见表 3-5。

表 3-5 外汇风险的类型

类 型	解 释
交易风险	一个从事外贸业务的企业,其组织的全部活动都存在由于外汇汇率变化而引起的外汇风险,在经营活动中的风险就称为交易风险。 防范外汇交易风险的目标主要有两个:一是短期收益最大化;二是外汇损失最小化。外贸企业需根据自身实际情况确定风险管理目标,再采取具体的风险控制措施
折算风险	折算风险也称转换风险、会计风险,是指由外汇汇率的变动引起的企业资产负债表中某些外汇资金项目金额发生变动的可能性。该风险导致的结果有两种:一是账面的损失;二是账面的收益,这里的收益并不是实际交割时的实际损益,但它会影响企业资产负债的报告结果。 当发生转换风险时,企业用外币计量的项目,如资产、负债、收入和费用等的发生额必须按照本国货币重新表述,且必须按照母公司所在国的会计规定进行会计处理
经济风险	经济风险是非预期汇率变动对以本国货币表示的跨国公司未来现金流量现值的影响程度,也可以用来衡量汇率变动对整个企业盈利能力和公司价值产生潜在影响的程度。 市场中的经济风险和经济利益是同时并存的,高风险伴随着高收益,经济风险是一把"双刃剑",管理得好就可以提高经济效益;反之,会降低经济效益

外贸企业可以通过合同条款的约定、使用套期保值工具等方式来管理和降低外汇风险。

3. 加强单据管理

国际结算比一般的内销结算更复杂，因此单据是核心文件，必须确保单据的准确性、完整性和及时性，单据的错误或者延误可能导致交易失败或者产生巨大的经济纠纷。

各责任人，如通知行、议付行、偿付行等要切实履行自己的义务和行使自己的权利，比如议付行应注意核查每份汇票的议付金额和日期，必须在背面签字，且单据必须通过连续的邮寄方式及时发送。

4. 做好信用风险管理

信用风险是国际结算中常见而重要的风险之一，它是指交易对方不履行到期债务的风险，所以也称违约风险。由于结算方式不同，场内衍生交易和场外衍生交易各自涉及的信用风险也有不同。

在国际结算中，外贸公司需要通过核实贸易伙伴的合法经营主体资格、了解其经营记录和信用状况等来降低信用风险。

由此可见，外贸公司在向客户报价时一定要考虑到结算风险的存在，利用有效手段保护自身权益，比如明确标注报价有效期，这样就可以规避与外汇汇率变动相关的风险。

3.3.5　先谈价格还是先谈订单细节

在国际贸易活动中，无论是在报价环节，还是在还盘阶段，都会涉及价格和订单细节的商议。那么，是先谈价格还是先谈订单细节呢？

通常来说，先谈价格会更加合理一些。为什么呢？因为价格是客户最关注的因素之一，直接关系到交易的成本和利润。所以，在报价初期或者谈判初期就明确价格，可以避免后续的误解和纠纷。

试想一下，如果不一开始就谈好价格，等后续订单细节谈妥了，客户发现价格不合心意，于是放弃合作，这样前期为了达成合作所做的努力就白费了。

先谈价格，再讨论订单细节，这样的顺序有助于确保贸易双方在价格达成一致后，再深入探讨具体的交易条件，如交货期、付款方式等。这样可以有效避免在价格未定的情况下，客户对订单细节的过度关注，从而导致谈判效率低。

可能有人会说，如果先谈价格，后谈订单细节，客户因为订单中的交货期或者付款方式等达不到其要求，也会导致合作失败。这种可能性也有，但很小，毕竟交货期和付款方式等方面的协调会比价格协调更容易一些。

为了避免先谈价格、后谈订单细节，或者先谈订单细节、后谈价格而导致交易双方最终无法达成一致，实际贸易活动中，外贸员要注意平衡两者的关系，价格和订单细节可以同时讨论商议，只要分清楚主次即可。通常来说，外贸交易中主要先谈价格，其中可以穿插一些订单细节的商议和确定。

外贸员也可以根据具体的情况作出报价和谈判策略的调整。比如，面对老客户时，由于双方已经合作过，对方对公司的产品或服务有绝对的信心，且对公司有足够的信任，此时外贸员就可以先谈价格再谈订单细节，因为此时客户不会花费多余的精力去关注产品情况，更多关注价格是否有优势，先谈价格就能先竞争对手一步抓住客户。

如果面对新客户，由于双方从未合作过，对方对公司实力和产品质量还存在疑虑和不信任，此时外贸员就可以先谈订单细节再谈价格，重点是通过明确订单细节来获得客户的信任，从而吸引客户的兴趣，然后再慢慢商议价格，这样可避免因先报价而失去客户。

第4章

别让沟通阻碍订单成交

客户向公司发来询盘后,外贸员的主要工作是报价和还价,这两项工作非常重要,做好了,与客户达成合作就指日可待;没做好,就会失去客户,甚至得罪潜在客户。因此,在与客户针对价格进行商议、谈判时,一定要注意沟通的技巧,别让沟通阻碍订单成交。

4.1 如何在谈判中稳占上风

在谈判中稳占上风，对于贸易双方来说都至关重要，占据上风的一方会在谈判中达到自己预期的目标，而未占上风的一方在谈判中会受到诸多牵制，导致利益受损。那么，对于出口企业来说，要如何在谈判中稳占上风呢？

4.1.1 外贸谈判必须做好充分准备

外贸谈判必须做好充分准备，这是确保谈判成功和达成有利协议的关键。充分准备不仅要对自身情况有充分的了解，还要对谈判对手、谈判环境和策略等有深入的了解及周密的规划。

1. 了解自身情况

外贸员要清楚地了解己方的需求、目标和底线，以便在谈判中保持冷静和坚定。另外，还需组建一个专业的谈判团队，团队成员应具备多方面的专业知识，包括商品、市场、运输、保险等方面的知识，还要熟悉国际贸易法律法规和惯例，以及具备良好的外语沟通能力。

了解自身情况时，外贸员还需要明确己方的优势和劣势，从而为制定谈判策略提供依据。

2. 了解谈判对手

外贸员与潜在客户进行价格谈判前，一定要收集和分析客户的相关信息，比如客户的公司规模、能力、信誉、资金状况、客户对商品的具体要求、价格和运输等方面的信息。另外，还需要熟悉客户所在国的国际贸易法律法规和惯例，因为法律的限制会直接影响各种商业活动，所以外贸业务员有必要了解目标客户所在国的基本法律法规，具体可通过商务部平台查询和检索。进入中华人民共和国商务部官网首页，找到"公共服务"板块，在"对外贸易"栏单击"贸易税费"超链接进入相关页面，如图4-1所示。

公共服务

公共服务资源平台 ▷开放数据 ▷开放指数 ▷名单名录 ▷业务工具

国内贸易	对外贸易	走出去服务	综合
市场运行与流通发展服务	12335一站式服务　国际招标	服务"一带一路"	互联网+监管　全球法规
电子商务公共服务网　商务预报	国别贸易指南　农产品贸易	国别（地区）指南	知识产权海外维权　商务数据
老字号数字博物馆	贸易税费　出口商品技术指南	投资合作促进　在线办事	知识产权网　商品价格
二手车信息服务	管制信息网		商务培训

（单击"贸易税费"）

外商投资	服务贸易	多双边合作	公平贸易
中国投资指南	服务贸易指南　特许经营	自由贸易区　经开和边合区	美国337调查　贸易救济案件
投资项目信息库	统计监测	WTO/FTA咨询网	贸易救济网

图 4-1　单击"贸易税费"超链接

在打开的页面中单击"境外法规"选项卡，如图 4-2 所示。

图 4-2　单击"境外法规"选项卡

在打开的页面中即可根据区域查询不同国家或地区与经贸相关的重要

法规。只需单击相关国家名称超链接即可，如图 4-3 所示。

一、亚洲	
阿富汗	阿拉伯联合酋长国
阿塞拜疆	巴基斯坦
巴林	不丹
东帝汶	菲律宾
哈萨克斯坦	韩国 ← 单击
柬埔寨	卡塔尔
老挝	黎巴嫩

图 4-3　单击相关国家名称超链接

在新页面中即可查看该国或地区的法律体系简介以及主要法律法规，如图 4-4 所示。

韩国

官方语言：韩语
地理位置：亚洲大陆东北部朝鲜半岛南半部

一、法律体系简介

韩国的法律制度是以宪法为基础的大陆法系，但由于历史原因深受美国法律制度的影响，其法律渊源主要包括：宪法；国际条约；全国议会按照法定程序颁布的法律；总统令；由总理、各部和政府机构颁布的总理令、部令、条例和规则。

图 4-4　查看外国法律法规

3. 熟悉谈判环境

谈判环境主要包括政治环境、经济环境和文化环境。政治环境主要指国际风云和贸易双方所属国的政治状况与外交关系；经济环境是指谈判者所在国或者所在地区的经济发展总体水平、发展速度和其在国际上所处的经济地位；文化环境是指包括影响一个社会的基本价值、观念、偏好和行为的风俗习惯和其他因素。

外贸业务员熟悉谈判环境，有以下好处：
①有助于规避贸易风险。
②能够提高市场竞争力。
③有助于促进国际合作与友好关系。
④能提高谈判效率和成功率。

4. 制定详细的谈判方案

制定详细的谈判方案也是外贸谈判准备工作的关键部分，设定明确的谈判目标和底线，拟定谈判议程，包括列出谈判议题、安排谈判议题的先后顺序和谈判进度，以确保谈判有序进行。

另外，还要制定谈判的各个阶段应采取的方法、策略和战术，帮助谈判团队在关键时刻作出正确决策。

5. 进行模拟谈判

通过模拟谈判，可以预演外贸谈判中可能的情景，让谈判团队的成员熟悉谈判流程，提高应变能力。

模拟谈判应与正式谈判一样，组织一些人员扮演谈判对手，帮助谈判团队更好地应对实际谈判中的各种情况。

4.1.2 与新客户的初次谈判需审查对方资质

与新客户初次谈判时，严格审查对方资质很重要，因为签约过程中公司往往更重视合同内容，从而忽视了对合同主体资格的审查，这样容易导致主体缺陷而使合同归于无效或者难以履行。

审查对方资质包括但不限于以下内容：

审查对方的营业执照和年检情况：了解谈判对手的主体合法性和经营范围，比如是否合法注册，是否存在未年检导致被吊销营业执照的情况，经营范围是否与实际相符等。必要时应到相关部门调查谈判对手的资产状况、工商登记和不动产登记等。

审查法律法规规定需要具备的资质条件：对于法律法规规定需要具备相应资质条件的合同项目，要根据合同内容审查对方的资质现状，比如是否获得相关资质以及目前效力情况，避免资质失效。

审查评估谈判对手的履约能力：对谈判对手的履约能力进行审查评估，包括资产状况、经济实力、历史履约记录、商业信誉和信用状况等，以保证双方签约后能顺利履行合同。

在审查谈判对手的资质时，还可以从其信用等级入手。为促进贸易安全与便利，海关构建了企业进出口信用管理体系，并以此作为海关管理的基础。根据《中华人民共和国海关注册登记和备案企业信用管理办法》（以下简称《信用管理办法》）（海关总署令第251号），海关将企业划分为三个信用等级：高级认证企业（AEO企业）、其他注册登记和备案企业和失信企业。

在海关备案的企业，即适用常规管理措施的注册登记和备案企业。海关根据企业申请，按照《信用管理办法》规定的标准和程序对企业实施认证，通过认证的，成为海关高级认证企业，适用便利的管理措施；海关根据采集的信用信息，按照《信用管理办法》规定的标准和程序将出现失信情形的企业，下调企业信用等级，认定为失信企业，适用严密的管理措施。那么如何查询企业在海关的信用等级呢？

海关通过"中国海关企业进出口信用信息公示平台"公示企业信用信息，可以登录平台进行查询。

输入谈判对手的企业名称或统一社会信用代码，输入验证码，单击"搜索"按钮即可查询，如图4-5所示。

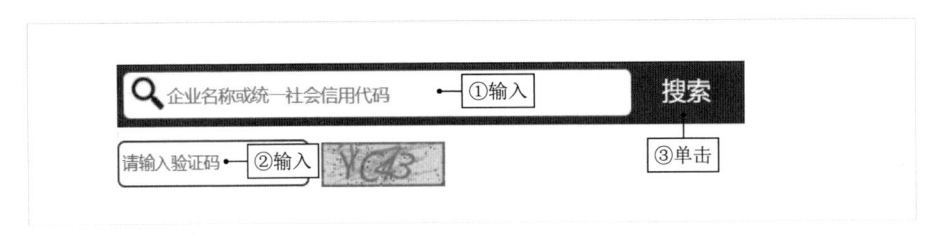

图 4-5　查询谈判对手的信用等级

除此以外，在该平台，用户还可直接查询高级认证企业名录、失信企业名录和严重失信主体名单等信息，如图 4-6 所示。

图 4-6　直接查询相关名录

因为海关可以采集反映企业信用状况的下列信息，因此外贸业务员可以通过查询谈判对手的信用等级来获取资质信息：

①企业注册登记或者备案信息以及企业相关人员基本信息。

②企业进出口以及与进出口相关的经营信息。

③企业行政许可信息。

④企业及其相关人员行政处罚和刑事处罚信息。

⑤海关与国家有关部门实施联合激励和联合惩戒信息。

⑥ AEO 互认信息。

⑦其他反映企业信用状况的相关信息。

4.1.3 营造舒适的谈判空间

外贸业务员要想营造舒适的谈判空间,需从表 4-1 中的几个方面入手。

表 4-1 营造舒适的谈判空间的做法

方　面	具体做法
空间布局	营造舒适的谈判空间,空间布局是关键。要确保谈判地点的空间大小能够满足参会人员的需求,并能提供充足的通道空间。要合理安排座位、投影设备和演讲台等,使谈判信息的传递和交流更顺畅
灯光设计	在灯光设计方面,应确保明亮且柔和,避免灯光刺眼和产生阴影。一般采用间接照明或者漫反射照明方式,营造宁静、舒适、惬意的谈判空间
隔音效果	在选择谈判地点时,一定要选择隔音效果好的空间,以保证谈判的私密性和清晰度。比如使用隔音板或隔音玻璃等,或者合理布置吸音材料,如多孔吸音板、地毯等
色彩与材料选择	谈判空间的色彩应选择柔和、自然的,如浅灰色、米黄色等,营造出轻松、和谐的氛围。同时,选择的谈判空间要确保使用的是环保、耐用的材料,如环保漆、实木家具等
设备配置	谈判空间中配置的设备应齐全,包括投影仪、音响设备、网络接口等,并且要易于操作和维护,满足谈判的各种需求
人性化设计	人性化设计主要是关注谈判空间中的各种细节,比如桌椅的高度、角度等应可以调节,以适应不同人的需求;插座的位置应方便实用,避免参与谈判的人员因找不到插座;无线网络应覆盖整个谈判空间,方便随时上网

图 4-7 中展示的是常见的谈判空间,可供外贸员参考。

图 4-7　舒适的谈判空间

4.1.4 注意谈判中导致丢单的细节

在与外贸客户谈判过程中,很多细节容易导致丢单,如果不多加注意,会给外贸公司带来损失。外贸员要在了解导致丢单的细节的基础上,掌握对应的改进措施,尽力防止丢单,具体见表4-2。

表4-2 谈判中防止丢单的细节

丢单细节	防止丢单的做法
缺乏对客户需求的深入挖掘	外贸业务员要在与外贸客户谈判前充分了解客户的背景、需求和痛点,制定针对性的解决方案,增强客户的购买动机,减小客户取消订单或者不下单的可能性
产品价值维护不当	外贸业务员在谈判过程中要强调公司产品的独特卖点和优势,避免轻易降价,可以换一种方式提升客户感知价值,比如向客户赠送礼品
促单意识不足	参与谈判的外贸业务员应在谈判的关键时刻主动提出成交,大胆克服犹豫和拖延,尽全力促成交易
产品讲解不够专业	外贸业务员一定要使用客户能理解的语言来介绍产品,避免行业术语,让客户能轻松理解和信任公司的产品或服务
谈判人员缺乏信心和决心	外贸业务员应对公司产品提升自信心和决心,充分相信公司的产品或服务,通过自信的态度影响客户,增强客户的信任度和购买意愿
报价不合理	外贸业务员应根据客户类型和市场情况制定合理的报价策略,避免报价过高或者过低,确保报价既能体现产品价值,又能被客户接受
缺失跟进策略	外贸业务员应根据客户需求和谈判进度,制订潜在客户的跟进计划,保持与客户的沟通,防止客户流失

4.1.5 打好配合给谈判提供助力

在谈判中要想稳占上风,需要综合运用多种策略和技巧来打配合,以提高谈判效率和成功率。

1. 准备充分,目标明确

谈判前,由一部分人尽可能多地收集和分析谈判对手的信息,包括其需求、底线、谈判风格和可用策略等;再由一部分人确定最理想的谈判结果以及可以接受的最低条件，这样有助于在谈判中保持清晰的方向。

2. 控制情绪，建立威信

谈判过程中，己方应由一部分人通过精准的数据、事实和逻辑来支持己方观点，展现专业和自信。同时，由另一部分人保持冷静和客观态度，不让个人情绪影响到决策，还要随时观察并利用谈判对手的情绪变化，适时调整策略，从而营造出友好、合作、信任的氛围，通过寒暄、赞美、分享等方式与对方建立良好的关系。

3. 积极倾听，清晰自述

谈判人员中，一部分负责积极倾听对方的观点，并通过提问引导对方思考。当对方提出难以接受的条件时，切忌急于拒绝或反驳，而应该向对方表示理解并提出自己的建议。

己方另一部分谈判人员在需要提出意见或建议时，需清晰地表达和阐述自己的观点与诉求，用事实、数据和逻辑等方式支持自己的观点。同时灵活运用各种策略，如先发制人、分而治之、以退为进等，视谈判情况灵活调整。

如果谈判中角色划分不清晰，可以事先制定角色说明书，明确每位谈判成员在谈判中的具体职责和权限，有助于避免内部职责冲突和误解。比如，在角色说明书中，销售经理负责与客户沟通价格与付款方式，技术工程师负责解释产品技术参数和提供技术支持方案，法务顾问负责审核合同条款的合法性与风险控制。

4. 捕捉信息，坚持原则与底线

谈判时，一部分人要仔细观察谈判对手的言行，包括其微妙的面部表情和不经意的动作，这些可以透露出对方内心的想法和态度。通过收集这些言行信息，可以帮助谈判团队及时调整谈判策略，更好地了解对方的需求和底线，在可以让步或者妥协的时候，适当作出让步或妥协。

另一部分人员则需要在涉及核心利益问题时明确表明立场和态度，不允许有任何妥协和让步。注意，在坚持原则的同时要注意使用的手段和方法，保持坚定和礼貌的态度。

5. 策略配合，灵活谈判

人员的配合意味着策略的配合，谈判时外贸业务员需灵活应对。

倾听需求，定制方案：谈判是双方对于价格的博弈，也是理解与满足客户需求的过程。己方不仅要耐心倾听对方需求，同时还要定制自己的谈判方案，以达到灵活调整报价或附加服务的目的。

诚信为本，防范风险：谈判过程中，双方在价格、交期和付款条件等方面要坚持诚信原则，不要夸大其词。防范风险，做好基本的信用资质审核工作。

适时让步，合作共赢：在不影响利润底线的前提下，出口方可以适当作出小幅让步，向客户展现出公司的诚意，使外贸交易双方达到双赢局面。

如果谈判时沟通不顺畅，可以事先聘请专业翻译人员，解决语言障碍导致的沟通问题；也可以使用翻译软件，主要在一些非正式或初步的沟通阶段。另外，外贸双方沟通时应尽可能使用简单明了的语言，避免使用复杂的句子结构和专业术语，确保对方能理解；还要重复对方的话并确认其意思表示。

不论谈判人员如何在谈判过程中配合完成，也不论每次谈判后是否成功合作，谈判人员都要进行一次谈判复盘，记录客户的反馈，不断优化公司的报价策略和谈判技巧。

4.2 价款和付款方式的博弈

外贸业务中，交易价款和付款方式是需要双方经过不断协商才能敲定的，这就涉及买卖双方之间的博弈。博弈的结果直接决定此次外贸交易是否对己方有利，因此，外贸业务员需要掌握一定的方法或技巧。

4.2.1　坚持价格底线配以适当妥协

在销售中，守住价格底线是非常重要的，因为价格是品牌形象的组成部分，如果频繁或轻易降价，容易损害品牌在消费者心中的价值感和信任度，所以需要守住价格底线。

价格底线是确保销售活动能够带来足够利润的关键，如果轻易降价，可能导致利润空间被极度压缩，甚至可能出现亏损的情况。如果客户知道价格不会随意变动，他们就可能重复购买，这样有助于建立长期、稳定的客户关系。

轻易降价可能会引发价格战，这样不仅会损害自身品牌利益，还可能对整个市场造成负面影响。坚守价格底线有助于维护市场秩序，促进公平竞争，所以也需要守住价格底线。

如果销售团队在谈判时坚守价格底线，他们更有可能在谈判中保持强势地位，提升议价能力。

坚守价格底线就意味着在需要的时候可以进行有策略的促销活动，如限时折扣、捆绑销售等，有助于提升销量，还能保持品牌形象，吸引更多客户。

虽然在外贸业务中出口方应坚持价格底线、擦亮眼睛、看清形势，但一味地坚持也是不会变通的表现，很容易使交易双方剑拔弩张。

妥协是一种温柔的坚持，它不是毫无底线的让步，而是一门沟通艺术。妥协要求双方在权衡利弊的基础上达成一种共识，是在知己知彼的前提下作出的一种选择。

那么，外贸业务员在价格方面该怎样妥协，妥协的度是什么呢？

外贸业务员应标明报价的合理性：可以通过强调产品的品质稳定性和创新能力等来说明报价合理性，让客户深刻认识到公司的报价是合理的。

确认其他条件是否达成一致：外贸业务员在价格方面作出妥协之前，应先确认除了价格以外的其他条件是否已经达成一致，这样可以确保客户不会因为其他未解决的问题而失约不下单。

逐步让价：如果外贸业务员确认价格是交易的唯一障碍，则可以采取逐步让价的方法，每次让价后观察客户的反应，然后再决定是否继续让步。

消除价格歧视，遵循对等原则：外贸公司让价必须以对方其他方面的退让为条件，比如价格降低 ×%，则交货期延长 × 天；或者价格降低 ×%，购买量增加 ×% 等。这样一来，就可以减少购买者对价格的歧视，确保双方在价格谈判中保持公平。

而让价的度需要外贸公司在保证价格决策目标实现的前提下，科学设计让价的幅度和步骤，以保持谈判的主动权，并降低谈判对手的降价要挟。外贸企业不能轻易让价，应尽可能放慢让价的节奏，每次让价的幅度不宜过大，这样可以保持谈判的主动权，迫使购买方尽快接受公司报出的价格。

4.2.2 分层次报价和货期差别报价

分层次报价主要是一种根据采购量的不同制定不同价格的策略，销售方会根据采购方订购的数量提供相应的折扣，购买量越大，单价越低。这种策略不仅适用于大宗采购，还能根据客户的具体需求和预算提供灵活的选择。

分层次报价与其他相关定价策略的区别在于，分层次报价侧重于根据采购量的变化来调整价格，而其他策略均有不同的实施方式和目的。比如分档报价，是将商品划分为不同的档次，每个档次报价不同；分段报价是将价格分为固定费用和变量费用两部分。

货期差别报价是指根据客户对货期的紧急程度不同，提供不同的报价策略。这种策略适用于对货期要求非常急的客户，通过调整报价来引导客户接受特定的付款方式，从而确保订单优先处理和快速完成。

分层次报价和货期差别报价的主要区别在于应用场景和目的，简单介绍见表 4-3。

表 4-3 分层次报价和货期差别报价的区别

区别点	分层次报价	货期差别报价
应用场景	适用于大宗采购，以及可以灵活选择付款方式的情形。这种方法可以让客户在成本和资金流动之间作出权衡，从而达成双方都能接受的付款协议	适用于对货期要求非常急的客户
目的	通过提供不同的付款条件来影响客户对支付方式的选择。比如，可以设置不同的价格档次，如 100% T/T 预付、即期信用证和 30 天信用证等，每个档次的价格不同，客户根据自己的需求和预算选择最适合的付款方式	通过考虑客户的交货期紧迫性来调整报价，当客户对货期的要求非常紧迫时，可通过调整报价来影响客户对支付方式的选择。比如，客户要求紧急交货，而信用证的处理时间较长，外贸公司就可以提出选择电汇方式可优先安排生产，选信用证则需要更多时间处理，从而促使客户选择更快的支付方式

由此可见，分层次报价是通过价格差异来引导客户选择不同的支付方式，而货期差别报价是通过考虑客户的交货期紧迫性来调整报价，以促进更快的资金回笼或满足客户的紧急需求。

4.2.3 考量客户的价格接受程度

考量客户的价格接受程度时，首先要理解客户的心理和需求，因为客户直接询问价格往往是想通过价格来快速筛选产品和服务，或者比较不同供应商之间的价格差异。

但是，价格不是决定采购方购买决策的唯一因素，产品的性能、质量、服务以及客户的实际需求也是需要重点考量的。

那么，如何考量客户的价格接受程度呢？

通过提问和倾听了解：外贸业务员可以通过提问来了解客户对产品的期望和要求，倾听客户的主诉和互动交流中提出的问题，从而预估客户的价格接受程度。

关注客户的心理特征和经济条件：外贸业务员应时刻关注客户的心理特征，比如客户对于不同的报价表现出来的神态；同时，还要了解采购方的经济条件，比如查看对方的财务状况、现金流等，从而分析判断客户的价格接受程度。

研究产品或服务的市场价格：了解市场上类似产品或服务的价格，以及竞争对手的定价策略和市场的一般价格水平，从而预估客户的价格接受程度。

考量客户的消费观念和价值观：注重实用性和性价比的客户，他们的价格接受程度适中，更愿意购买价格适中、功能实用的产品；追求时尚、潮流和个性化的客户，他们的价格接受程度较高，愿意为了独特的设计和品牌形象而支付更高价格。

评估品牌形象和知名度：品牌形象和知名度会影响客户的价格接受程度。知名品牌往往能给客户带去信任感和认同感，客户愿意为了品牌的声誉和形象支付一定的溢价。

考量市场竞争状况：市场竞争状况会对客户的价格接受程度产生作用，当市场上存在众多类似产品时，客户有更多选择，他们会比价、权衡，如果某个产品价格过高，而其他竞争产品能提供相似的功能和品质，但价格更低，客户很可能会选择价格更具优势的产品，此时客户的价格接受程度相对较低。

看客户的购买场景和需求紧急程度：如果外贸公司提供的是客户急需的产品，则客户对价格的敏感度会降低，接受程度会更高；如果是非急需的产品，客户会有更多时间和耐心去比价和选择更优惠的产品，此时价格接受程度较低。

通过建模来准确评估客户的价格接受程度：外贸业务员可以通过各种数据模型来评估客户的价格接受程度，具体见表4-4。

表4-4　评估客户价格接受程度的各种模型

模 型	简 介
销售数据建模法	调查哪个价格下销量最大，从而评估客户的价格接受程度，此方法预测准确性较高

续上表

模　型	简　介
价格敏感度测试模型	通过询问客户四个价格点，如"太便宜、便宜、贵、太贵"，绘制累计百分比曲线图，找出最优价格点和可接受的价格区间，这种模型适用于没有竞品或竞品影响较小的情况
Garbor Granger 法	通过询问客户在不同价格水平下是否愿意购买产品，绘制购买意愿曲线图，找出最大化收益的价格点
扩展的 Garbor Granger 法	在 Garbor Granger 法的基础上增加竞品的价格信息，让客户在不同价格组合下选择自己最愿意购买的产品，绘制市场份额曲线图，找出最大化市场份额的价格点，从而分析客户的价格接受程度
BPTO 法	通过让客户在不同的品牌和价格组合下选择自己最愿意购买的产品，绘制品牌偏好曲线图，找出最优品牌价值和价格点，通过分析不同价格下客户的选择变化，可以得到每个品牌或产品的需求曲线和最优价格
联合分析法	通过让客户在不同的产品属性和价格组合下评价自己对产品的偏好程度，运用多元回归分析法算出各个属性和价格对产品偏好的影响力和重要性，找出最优化产品组合和最优价格点，比如根据属性和水平组合出若干个虚拟产品，并给出各自的价格，让客户对每个虚拟产品进行评分或排序，通过分析不同属性和水平对评分或排序的影响，可以得到每个属性和水平对价格敏感度的贡献度，从而据此确定最优组合和最优价格，适用于产品较多或产品创新度较高的情况

通过提供高质量版本来判断客户愿意接受的最高价位：比如，为产品加上一些新功能，但价格要提高到 ×× 元，如果客户对新功能感兴趣，就能判断对方的价格接受程度较高；如果客户表示无论新增什么新功能，其报价不可能超过 ×× 元，就说明客户的价格接受程度较低。

4.2.4　学会巧妙应对客户砍价

学会巧妙应对客户的砍价，核心策略是既要维护公司的利润，又要保持客户满意度，确保交易成功。工作的关键是要通过合理的沟通策略和技巧，让客户感受到公司产品或服务的价值，从而接受原价或略作让步的价格。

1. 强调产品价值和质量

当客户砍价时，外贸业务员可以强调产品的质量和市场定位。比如，"一分钱一分货，我们的价格已经非常公道了。如果您能找到同等质量但价格更低的产品，那么您去买别家的产品我们没有任何话说。不过，质量和价格往往成正比，您一定要仔细比较抉择。"

2. 展示产品在市场上的性价比

当客户砍价时，外贸业务员可以通过对比市场上同类产品的价格和质量，说明为什么本公司的产品值得当前报出的价格。比如，"您说的没错，市场上确实有很多价格比我们低的产品，但是您可以仔细对比我们和他们的产品质量及服务，我相信，我们价格稍高绝对是因为更注重产品质量和售后服务。"

3. 适当让步

当客户砍价时，外贸业务员在保证本公司利润的前提下，可以适当让步。比如，"如果您真的觉得我们价格有点儿高，那我们向您推荐一些稍微便宜一点的产品，但质量和性能可能会有所不同，您看看这样行不行？"

4. 适度施压，保持坚定立场

如果砍价的过程中，客户还试图增加额外要求，此时外贸业务员需坚持原则但不失礼貌。

客户：能再多送××吗？

业务员：虽然我们无法随意赠送，但考虑到您××，我们会赠送特别礼物，确保您满意。但是我们已经竭尽所能，希望您能理解我们。

5. 主动出击，创造优势

客户砍价时，如果提及竞争对手的销售政策，则外贸业务员可以用主动策略来回应客户。

客户：隔壁××都送××。

业务员：考虑到贵方的特殊情况，我们会赠送您特别的礼物，很适合您的××，这样您会发现我们的价值绝对不输其他供应商。

6. 运用情感共鸣和共情

外贸业务员通过情感共鸣和共情，让客户感受到你的诚意和努力。比如"买东西都怕买贵，想多省点，我们能理解。但是砍价也有砍到头的时候。您是诚心买，我们也是诚心卖。换作您是供应商，相信您也不会向客户无下限地降价吧！"

7. 个人赠送，画龙点睛

在最后的谈判阶段，一些外贸业务员会结合与客户的沟通互动，适时分享一些有心意的小物件——这种不经意的暖心举动，常常会让对方感受到诚意，成为增进彼此好感的巧妙方式。

客户：你才……

业务员：这是我个人为您××准备的，公司制度虽然有规定，但我希望您能感受到我的诚意。现在，我们可以说您的选择是明智的，让我们一起完成这笔交易吧。

8. 不同砍价招式的应对策略

面对砍价，外贸业务员需要知道客户的一些心理特点，同时掌握一些应对技巧，简单介绍见表4-5。

表4-5　不同砍价招式的应对策略

砍价招式	简述	应对策略
鸡蛋里挑骨头	客户总是指出商品存在的问题，一方面是想提出自己的质疑；另一方面只是为了让外贸人员在价格上给出让步	面对客户的挑剔，业务员要保持冷静不慌乱，弱化客户砍价的理由。 ①将缺点转为优点，或者转为特点。 ②强调其他优点来抵消缺点带来的影响。 ③如果尚未了解客户需求，就需要引导客户关注到"适合自己的方案"上去
利益诱惑	客户也知道业务员最需要的是什么，于是利用利益诱惑的方式向业务员索要优惠，比如增加数量、介绍客户等，这样业务员很难抵抗	在利益面前业务员一定要坚持原则，可以向客户强调价格的严肃性和商品的价值感

续上表

砍价招式	简 述	应对策略
感情攻势，以情动人	客户也会为了获得一些优惠而使用感情攻势，比如"我下单好几次了""我以前就买过你们家的东西""咱俩聊得这么好"……	有感情的沟通过程会更顺畅。但这种感情并不能建立在折扣和优惠等价格基础上，而应该以优质的产品和服务为核心来构筑。业务员可以表达同理心，以心换心；强调价值点，强化利益；赞美其眼光，锁定选择
缔结关系	客户会在业务员面前利用关系来换取价格空间，比如"我和你们老板认识""我也是做这行的"	价格与关系之间本身不应该有必然联系，某些客户之所以能享受优惠价格，完全是因为客户具有"补偿价值"。此时，业务员需强化关系，激发同理心；强调价值，坚定选择
欲擒故纵	在买卖交易中，买方掌握了成交的权力，容易在争取让价空间时使用他们的权力来"威胁"业务员，比如客户借口要离开或者再想想，业务员就会因为担心失去客户而在可接受范围内让价	客户采用这种极端的做法，是因为对价格不信任，以及想要谋求产品性价比。应对这种情况，业务员需要让客户相信价格已经最低，弱化客户砍价的动力；同时提醒客户关注产品，并强化产品和客户需求的紧密度。业务员还需要强调产品的价值，要掌握拒绝销售的权力，这样也可以让客户信服
擒贼擒王	客户往往会寻找更高让价权限的人员，获取更大让利空间	业务员尽量不要暴露"后方"，坚决不让步，即使被客户要求与上级联系，也要使用一些方法不让客户与上一级轻易见面接触，除非需要甩出最后一张王牌。如果不得已，可以使用电话申请的方式来缓冲，在"电话里"沟通后将结果告诉客户，由于无法面对面沟通，此时"上级"的意见就很难被改变
死缠烂打	有些客户相信降价空间就像海绵里的水，挤一挤总会有，因此，他们会为了获得更大优惠而采取近似死缠烂打的战术，不达目的不罢休，结果往往是业务员妥协	面对执着的顾客，业务员切忌嫌客户烦，因为这类客户通常已经接受了商品，此时价格不是关键问题，主要是想能省一点是一点。此时，外贸业务员要保持热情，夯实产品价值，坚持价格，用价值解决问题，不得已时才退一步，亮"底牌"满足客户的需求
货比三家	客户对相似商品进行比较，会给业务员带来一定压力，并向业务员要求对目标商品的价格进行折让	商品只要存在差异，就有价格不同的理由。当客户质疑时，外贸业务员只需要把差异化的价值展示清楚，就能很好地解决问题

4.2.5　选择合适的付款方式并引导客户接受

选择合适的付款方式需要考虑多个因素，包括交易的安全性、成本和效率等，这些都可以由进出口双方协商确定。但如果出口方有自己必须坚持的付款方式，且需要引导客户接受特定的付款方式，这需要掌握一定的策略和技巧。

1. 了解客户的信用状况和交易历史

了解客户的信用状况和交易历史是基础，这有助于判断客户适合哪一种付款方式。

①要对客户进行询盘研究，包括邮件往来中对客户的提问。

②要对客户公司网站进行研究。

③通过搜索引擎查询并了解客户的实力、网络活跃度、网上 B2B 询价记录、行业目录的自我简介、上下游客户、共赢的主要客户群体等。

如果客户信用不好，或者客户经济实力不够，出口方就要选择对己方更有保障的付款方式，如"预付款 + 信用证付款"的组合方式。

如果客户信用好，经济实力也不错，出口方可以选择一些方便双方成交的付款方式，如"预付款 + 到货付款"的组合方式。

2. 明确表达自己的底线和原则

外贸业务员应明确表达自己的底线和原则，避免在谈判过程中轻易妥协。应在付款方式上尽量掌控主动权，可以适当妥协，但一定要坚持必要的底线，避免后期收不回货款的风险。

3. 注意谈判的顺序和节奏

与客户谈订单时，可以尽量将付款方式放在前面沟通，谈得公开真诚，谈得有理有据。下面来看一个例子。

实用范例 将付款方式的协商摆在前面

某业务员刚入行的那年，找到一个 ×× 国家的客户，邮件、电话联系了几个月，正好客户要来广交会，白天参展客户太多，没有时间细谈，于是客户约业务员带上样品到酒店大厅详谈。业务员满心欢喜，带着精心准备好的样品与资料，去和客户谈生意。

见了面，先是一阵热情的寒暄，客户开始拿着Catalog介绍自己的公司，然后开始谈产品、详细规格、包装方式等。业务员整整记录了两页纸，终于要谈完了，还暗自松了一口气。

这时，客户笑眯眯地对业务员说："现在，我们来谈一下最后一个问题，付款方式，我们能够接受的付款方式是收到货后30天付款。"听到这里，业务员感觉全身的热血都瞬间凝固了。当时，业务员缺乏经验，客户坚持说其他供应商也是这种付款方式，于是业务员不知道如何继续谈，只能告知客户需要请示一下老板，然后匆匆结束了谈判。

回去后，业务员充满了无助和挫败感，自我反省了一下，最开始确实被兴奋感冲昏了头，节奏完全被客户牢牢抓住，对方也非常狡猾地最后才谈付款方式，这让业务员非常被动，导致应对无力。

从那以后，该业务员每次与客户商谈订单时，都会尽可能地把付款方式放在前面谈，谈判的成功率提高了很多。

4. 在客户关心的其他方面作出小让步

如果客户坚持自己提出的、己方实在不能接受的付款方式，但己方又非常想和这个客户合作，那么外贸业务员就可以考虑是否能在客户关心的其他方面作出小让步，以示己方的诚意，再肯定客户在付款方式上支持我们。

5. 建立信任、解释公司政策和行业惯例

引导客户接受出口方的付款方式，关键在于建立信任、解释公司政策和行业惯例，并提出替代方案。

①通过展示专业性和诚信，提供成功案例和客户反馈，可以增强客户的信任感。

②向客户解释出口方采用的付款方式在国际贸易中的重要性，以及公

司政策和行业惯例，有助于说明为什么这种付款方式是必要的。

③如果客户对出口方提出的付款方式表示反对，可以提出可行的替代方案，以达到折中的效果。

4.3　外贸沟通谈判进阶技能

外贸业务中，沟通谈判技能是非常重要且必需的。外贸业务员只有掌握了各式各样的谈判技巧，才能在价格谈判中占据主导地位，如果有进阶技能，更能为成功签单助力。

4.3.1　客户疑虑消除：产品、服务与合作保障

消除客户疑虑是助力订单成交的关键。通过有效的方法和策略，外贸业务员可以减轻客户的顾虑，增强客户的购买意愿。具体见表4-6。

表4-6　减轻客户顾虑的方法和策略

方法和策略	简　述
询问法	通过询问客户是否有未解释清楚的地方，从而对症下药，解答客户的疑虑
假设法	通过假设立即购买的好处，促使客户尽快作出决定，不再犹犹豫豫
比较法	通过与其他产品或服务进行比较，突出本公司产品的性价比，从而消除客户对价格高或者价格低的疑虑
拆散法	将产品分解为更小的部分，向客户逐一解释其价值，让客户真正了解产品的内在价值，从而消除其对产品价值的疑虑
零风险承诺	向客户提供无风险购买承诺，如不满意可退款，这样也能增加客户的信任度和购买意愿
提前准备答案和产品演示	外贸业务员应提前准备客户可能提出的疑问，并提供针对性的解决方案，同时通过产品演示和客户参与，让客户亲身体验产品的优势和性能

疑虑型客户都善于观察细小的事物，行动谨慎、迟缓，体验深刻而疑心重。下单时不会冒失、仓促地作出决定，购买后还会担心自己上当受骗。

遇到这类客户，外贸业务员要有足够的心理准备，且要谨慎对待。

除了上述策略和方法，外贸业务员还可以采用以下方法消除客户疑虑。

恢复客户的信心：在决定是否购买时，客户信心容易动摇、开始后悔，这是常见的现象。这时，客户对自己的看法和判断失去了信心，外贸业务员必须强化客户的信心和勇气，帮助客户消除疑虑。业务员的沉稳和自然展现的自信，都可以重建客户的信心。

适时地给客户提建议：当客户有疑虑时，通常会提出问题，如果业务员不知道如何回应，就会错失良机。当客户询问意见时，表示他下不了购买的决心，如果能适当地给客户提意见，就能帮助客户厘清自己的思路，同时下定决心购买。

替顾客分析利弊：客户有时不能最终下定决心完成交易，是因为他们不懂得分析商品或服务的利弊，比如有些商品难免有些缺点，而客户又不知道这些缺点会不会影响自己的使用，所以难以下决定。此时外贸业务员就要利用自己熟悉商品、懂行情的优势，帮助客户分析利弊、权衡商品的优劣，突出商品带给客户的利益和好处，促成交易。

迂回法：有时，针对客户的疑虑直言相谏，往往会越说越僵。这时，外贸业务员应微笑着暂时搁置对方的疑虑，换成其他话题，以此分散客户的注意力，瓦解客户内心筑起的"心理长城"。等到时机成熟，再言归正传。

间接法：又称"是的……不过……"法，该方法最终目的虽然是反驳客户的拒绝，消除对方的疑虑，但比起正面反驳客户，效果更委婉一点。使用该方法要注意两点：一是当客户明确告诉业务员"不喜欢你们的产品，喜欢别家的产品"时，应冷静分析，诚恳讨教，先弄清楚客户心中的缘由，才能"对症下药"让客户心服口服；二是当客户提出某家产品和本公司产品相比较而扬他贬我时，业务员不能盲目抨击客户提及的厂家或产品，而应该在笼统地与客户同调的基础上以"但是"或"不过"做文章，正面阐述或介绍公司的产品优越性。

4.3.2 面对面交流中资深外贸人员的做法

资深外贸人员在面对面交流中的核心做法是建立信任和展示专业能力，通过简洁明了的自我介绍，展示自身价值并制造期待，在交流中迅速拉近与客户的距离，为后续业务合作奠定基础。

那么，在面对面交流中，资深外贸人员的具体做法有哪些呢？

简洁明了地自我介绍：外贸业务员在向客户做自我介绍时，通常应简洁明了，简单介绍自己的身份、所在公司和业务亮点，同时提出一两个问题来引起客户的兴趣。

积极展示价值：资深外贸业务员会告诉客户能为他们带去哪些实际利益，通过分享成功案例来展示专业能力和为客户创造的实际价值。

制造期待：资深外贸业务员会邀请客户参观工厂或者分享自己的出国经历，以此激发客户的好奇心，保持对话的互动性。

灵活应对不同类型的客户：对于健谈型客户，资深外贸员会顺着客户的话题轻轻松松聊天，同时引导对话回归业务议题；对于互动型客户，资深外贸员会展现自己和公司的专业性以及对客户的尊重，通过提问和解答来建立双方之间的信任；对于沉默寡言型客户，资深外贸员会耐心跟进客户情况，向客户展示产品优势和服务质量。

跨文化沟通：资深外贸员会充分了解目标市场的文化背景，掌握当地的语言习惯和表达方式，尊重并包容不同的文化差异，在与客户沟通时就能找到共同话题，更容易获得客户的好感。

注重真诚的态度：对于欧美等以英语为母语的国家，使用地道的表达方式，同时掌握一些小语种，也能对沟通产生积极影响，能让客户感受到公司的诚恳态度。

切实解决客户问题：当客户抱怨时，不仅要会安抚客户，还要提出解决问题的可行方法，恢复客户的信任。

确认重要细节：在谈判中涉及钱款金额、交货条件和日期等重要信息时，资深外贸员会口头复述并向客户确认，合同拟订后会详细过目合同内容，如果发现问题，会立即询问并确认。

听不懂时请对方重复：资深外贸员在听不懂客户的话时，会非常明确地请对方重复或者解释清楚，避免不懂装懂导致后续问题的发生。

4.3.3 外贸谈判不是退让而是共赢

外贸谈判的核心在于交易双方实现共赢，而不是单方面地退让。谈判双方通过协商达成一致，实现共同利益的最大化，这也是国际贸易的基本原则和目标。

外贸谈判中实现共赢，就需要谈判双方就交易的各项条件进行深入讨论，找到双方都能接受的平衡点。实现共赢需要注意以下三点：

①避免陷入思维误区，比如过分关注产品差异、过分注重关系、轻易压价等，这些误区可能导致谈判破裂或者达成不利于双方交易的协议。

②谈判过程中要关注客户需求和价值提供，解决客户的实际问题，满足客户的需求。

③保持良好的沟通和合作态度，尊重对方的文化和商业习惯，通过相互理解和妥协，达成双方都能接受的协议。

那么，外贸谈判要实现共赢，具体可以怎么做呢？

1. 以条件交换，实现互利共赢

在外贸谈判中，客户可能会提出一些看似难以满足的要求，此时外贸业务员可以采取"以一换一"的策略，就是在某一方面作出让步的同时，提出相应的补偿条件。

比如，在价格谈判中，如果客户希望获得更低的报价，外贸业务员就可以提议适当增加订单数量或调整付款条款作为回报。这样不仅能满足客户的基本需求，还能为自己争取额外的利益，从而达到双赢的目的。

需要注意的是，这类条件交换应在确保自身成本可控且不影响长期发

展战略的前提下进行。

2. 管理客户期望值，防止落差过大

外贸业务员在与客户沟通时，一定要谨慎处理对方提出的各项要求，尤其要避免给予超出实际能力范围的承诺。因为一旦承诺过高而无法向客户兑现，很容易导致客户产生强烈的失落感，反而不利于双方后续的合作。

正确的做法是，实事求是地向客户介绍产品性能、服务内容和企业实力，并通过具体案例说明自身优势。这样即使最终未能完全达成客户的要求，也能凭借真诚的合作态度赢得对方的理解和尊重。

3. 注重细节，展现专业素养

在外贸谈判活动前，业务员应充分了解客户信息，并根据其生活习惯调整沟通时间，这样细致入微的行为往往能让客户感受到被尊重和重视。另外，在价格谈判接近尾声时，如果客户仍有犹豫，可以试试赠送小礼品等表达合作诚意，礼轻情意重，能在不经意间拉近彼此的距离，为日后双方深度合作奠定基础。

4. 在不争辩的情况下解决异议

外贸业务员要努力使双方放弃对自己愿望的全然满足，选择在各自最初诉求的中间点上达成共识。根据客户的异议点，设计不同的解决路径，让客户根据自己的实际情况和需求作出选择。

4.3.4　如何将劣势转变为谈判中的优势

在外贸谈判中，业务员可以采取以下策略，将劣势转变为优势：

以最佳方案为达成协议的标准：谈判中如果处于劣势，可以提出多个可供选择的方案，其中包含一个最佳方案作为达成协议的标准。这样可以增加谈判的灵活性，同时也限制对方的压力，避免完全屈服于对方的要求。

巧用反问技巧：外贸谈判中，业务员可以通过反问的方式让对方思考自己的要求是否公平，从而给自己喘息的机会，并抓紧时间调整策略，使谈判向着己方有利的方向发展。比如，"我们谈了这么多了，证明双方都有诚意合作，但是您觉得您提出的这些条件对我们公平吗？"

强调自身优势：如果感受到谈判处于劣势，业务员应尽量多介绍自家公司和产品的优势，避免分析劣势，这样可以提升自信心，同时让对方再次看到公司产品的价值和潜力。

营造友好的氛围：处于劣势的一方，可以通过缓解或者营造友好的谈判氛围来缓和双方的局势，使双方能够平等对话。这样不仅有助于缓解双方紧张的情绪，也可以为后续的谈判奠定缓和的基调。

时刻坚定最低限度的标准：无论是在优势环境下，还是在劣势氛围中，外贸业务员都要在自己的最低限度标准上坚定立场，不轻易让步，这样可以避免接受不利己的协议，同时也可以在谈判中保持一定的主动性。

适时调整谈判人员身份：外贸公司不仅要组建一个知识结构互补的谈判团队，还应在谈判中处于劣势时适当调整人员身份，从而通过不同的谈判风格化劣势为优势，减轻主谈人员的压力，更好地应对谈判中的各种情况。

下面来看一个案例。

实用范例 小外贸厂从边缘到核心

一名外贸员刚开始做外贸时，工厂只有十几个人，一天两吨货，车间就是家里的砖瓦房，总共几亩地，东西稍微一多就杂乱不堪，完全不是工厂的样子。当时，有三家大公司，其中两家是合资公司，另一家是中国人独资，资金都很雄厚。这三家公司进入外贸行业比较早，直接瓜分了全部客户，新外贸员再进入这个行业就非常困难。

即使如此，该外贸员带着自己的团队凭借一系列的工作，慢慢从这三家公司手里抢来了一些客户，包括最大的两家客户，怎么做到的呢？

这名外贸员带着团队好不容易找到行业里面的"巨头"，发了开发信，对方也很干脆地回了信，内容如下：

英

Please notice that we are one of the largest manufacturers of ×× （我们的下游

产品）in the world. So we will only cooperate with large enterprises that supply our raw materials.

If you can give me a reason why I should choose you, maybe I will give you a chance.

中

请注意，我们是世界上最大的××制造商之一，所以我们只会和为我们提供原材料的大型企业合作。

如果你能给我一个选择你的理由，也许我会给你一个机会。

这么看来，对方是很牛的。但人家说的也没错，大公司生产量大，质量稳定，技术先进，这些都是该外贸员团队无法比的。于是，该团队采取避实就虚的策略，向客户进行下面这样的回复：

①虽然我们是小公司，但是我们入行最早，从××年开始生产这个产品，质量相当稳定，这个可以给您发送样品供您检验。

②小公司的人员结构更简单，比如您将您的需求告诉我，我就能直接告诉老板；如果是大公司，您将需求告诉业务员，业务员还要告诉外贸经理，外贸经理再告诉副总，副总告诉老板，会耽误您很多时间。

③小公司人员少，成本低，大公司人员多，成本相对较高。

④与××公司（行业最大的公司）相比，您对于这家工厂来说不是最大的客户，很可能享受不到最好的价格和服务，如果您跟我们合作，您就是我们的VIP客户，绝对可以享受到最优惠的价格和最优质的服务。

⑤大公司也不是百分百不出质量问题，如果您的订单发生退运，对方需要一层层汇报确定，如果选择我们，发生退运时直接一个电话就能搞定，您也能快速向您的老板交代对吧。

⑥常言道，勿将鸡蛋放在一个篮子里，您不想再找一个供应商以备急需吗？

第二天，客户就又发来了邮件：

英

Please arrange 2 kg sample for us to check. If it is ok, maybe we have chance to do business.

中

请安排2千克样品给我们检查，如果可以的话，也许我们有机会一起做生意。

随后，该外贸员带领的团队顺利拿下了这个客户。

后来，团队和客户熟悉起来，问及当时给客户的几条理由中是哪一条起了作用，客户说是第五条。工厂出过很多问题，每次退运都要压货压很久对方才能接受，这样一来，老板对自己的办事能力很不满意，但又下不了决心更换供应商，直到碰见你们公司。

日后，团队也凭借这些说辞拿下了第二家公司。有了这两个案例，团队在发开发信时都会说"我们现在给××和××提供原材料，如果您感兴趣，请回复。"这样一来，客户的回复率就变高了。

由此可见，大公司有大公司的优势，小公司有小公司的好处，小公司快速、灵活、高效，作为公司的外贸业务员不能妄自菲薄，避免拿自己的短处去与竞争对手硬碰，要善于避开对手的锋芒，这样才可能将劣势转化为优势。

在寻找自身优势时，尽量多找几条，一条可能会比较勉强，优势多了会更有说服力。

另外，如果公司是单纯的贸易公司，当客户拿公司与工厂比较时，外贸业务员也可以通过下面的说辞将劣势变成优势：

①因为我们不生产，工厂不会将我们视为竞争对手，我们调货很方便，这样我们就对各家的真实情况，如规模、工艺、质量等掌握得很详细，如果您自己来做这个工作，估计比较困难。

②我们是贸易公司，可以同时经营很多种产品，而工厂只能经营自己生产的产品，经营其他产品时没有退税，还要缴税，价格势必会更高。而且做××的公司都会买几种甚至几十种原材料，您需要花费大量的精力去考察每一种原材料，如果您是老板，还要雇佣几个人来完成这项工作，到时候的开支会更高。

③我们是贸易公司，以出口为主营业务，会视客户为上帝，而工厂的

业务包括内销，如果内销赚钱了，就很可能削减您的海外货量，会造成很多不便，但我们可以找到很多家合适的工厂为您调货，比您临时去找更方便。

④我们是贸易公司，现在为众多客户采购各种产品，我们有自己的化验员及检测体系，能为您保证质量，不需要您自己买检测设备。

⑤我们是集中采购，包括您在内的很多客户，所以我们采购时享受的是大客户价格，按照您的需求量，交给工厂的话绝对拿不到这个价格。

⑥我们会为您化解资金压力，当工厂要求预付款而不接受全部信用证时，我们可以接受您的全部信用证，然后用我们的资金去垫付定金。

第5章

顺利拿单的业务跟进技巧

当外贸员与客户经过询盘、报价、还价等沟通过程后,还不能百分百确定客户就能下单购买产品,此时为了加快客户下单的决定,将双方交易敲定,外贸员还需跟进客户的状态,直到顺利拿下订单。跟进客户状态时要讲究技巧,否则容易引起客户的反感,让之前的努力付之东流。

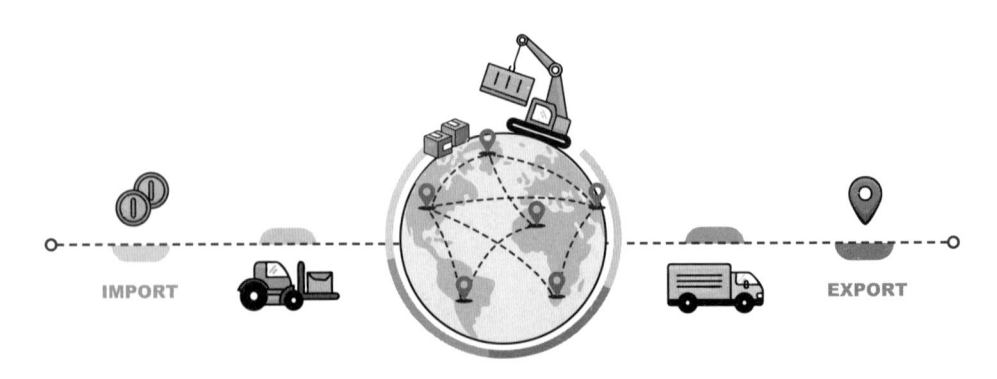

IMPORT

EXPORT

5.1 外贸订单是"跟"出来的

外贸订单的获取与"跟"的过程密切相关，它不是通过一次交易或者一个渠道，而是通过多个步骤和持续的努力来实现的。而外贸跟单员在这个过程中扮演了非常重要的角色，他们负责跟踪和协调订单的各个阶段，确保合同履行顺利完成。

5.1.1 参展后如何联系客户

展会结束了，客户的名片和信息也都收集了不少，那么，如何去跟踪和维护这些客户呢？

1. 展会期间作出的承诺一定要做到

要想在参展后与客户保持良好的沟通，一定要做到展会期间的承诺。

比如，在展会进行时，外贸业务员与某一位客户谈得非常好，而客户也要求晚上回去后将公司的详细产品报价发给他，那么，在当天展会结束后，就要记得把客户需要的文件发送过去。切忌以当天太累或者忘记了等任何借口搪塞客户，否则很容易使客户感觉公司连这么一个小小的承诺都无法遵守，会损害公司在客户心中的形象，进而就会让客户对公司产品质量以及服务的承诺产生怀疑。

2. 展会现场签订的订单要提醒客户及时付款

在展会确认了订单的客户，如果能在现场让客户支付预付款是最好的，因为很多客户去展会都是带着现金去的，所以有时候外贸业务员可以让客户直接用现金付预付款。

如果现场没有支付预付款，但是双方签订了合同和形式发票，这种情况下，外贸业务员一定要积极地与客户保持联系，提醒客户支付预付款，以便安排生产等。

在客户确认并及时支付了预付款或者货款后，业务员要及时安排境内的工厂开始生产。

3. 及时整理客户信息并联系客户

与每一个客户谈了些什么，报了什么样的价格，都要做好记录，在展会结束后，要将客户的这些信息都整理好，并将客户信息进行分类。

针对每一个客户，外贸业务员最好通过客户的官网或者社交媒体，看看客户究竟是做什么的，对他们的产品和公司进行分析，同时看看本公司还能为客户提供哪些产品或服务，然后再一一与他们联系，有针对性地发出不同的邮件给客户。

在邮件中，外贸业务员可以感谢他们在展会时的来访，可以将当时展会中报出的产品价格和产品信息，以及想要推荐的产品和项目，再向客户发送一遍。

需要安排寄样的客户，应尽早准备好样品，与客户做好沟通联系，确认寄送地址等信息，将样品寄送出去。联系客户的时候也可以顺便将在展会现场与客户一起拍摄的照片发给客户，以便让客户想起公司和与其对接的人是谁。

4. 展会后安排时间拜访

有很多自由行的参展商，一般在展会结束之后还会在当地停留一段时间。对于来自展会现场的当地国家或者是区域内的客户，尤其是聊得比较好的客户，公司就可以在展会结束之后安排外贸业务员去拜访他们，加大双方合作的可能性。

5. 展会后进行客户背景调查

很多客户在参加完展会后往往还会在展会国停留一两天，而当他们回到公司后还要处理展会期间落下的其他工作，这时他们会非常繁忙，大概没有时间查看邮件。所以，外贸人员需要给客户一个缓冲的时间，在此期间可以调查和整理客户的信息，然后有针对性地给客户发出邮件。这种操作比较适合在展会现场没有确认合作的客户。

6. 意向不大的客户也要定期联系

对于合作意向不大的客户，外贸业务员也要在日后进行定期联系，给对方发送邮件，或者通过社交媒体进行客户情况跟踪，千万不要觉得客户没有意向就不联系了，毕竟未来是不可知的，说不定现在意向不大的客户以后也能慢慢成为公司的客户。

7. 将参展经历制作成小视频进行宣传

外贸业务员可以将参展经历制作成小视频或者PPT，发给那些没有参展的客户，或者将其放到公司的官网、各种社交媒体平台，介绍公司的参展情况以及公司的收获等。

注意，不要有大量的文字描述，可以结合简洁的介绍和现场照片进行展示，让没有来观展的客户也能通过小视频或者PPT看到公司的实力，进而产生想要合作的想法。

5.1.2 网上询价客户的跟进沟通

外贸业务员一定要明白，跟进一定是建立在第一次预约和第一次拜访的基础上的，没有第一次的判断，跟进过程中就很难快速取得成效。实际上，很多业务员也很勤奋，天天拜访客户，给客户打电话，却总是得不到准确的客户信息和情况，结果判断不准确，也不知道如何跟进。

1. 采取转变性跟进策略

转变性跟进是根据客户的态度决定的，不同情况有不同的处理方式。

（1）客户对产品感兴趣，但对价格有不同意见

网上询价客户表示对公司的产品比较感兴趣，也需要这种或这类产品，只是对价格还有不同意见。

针对这类客户的跟进，最好是收集同类产品的价格信息，从公司自身产品成本出发，算账给客户听，让客户对公司产品价格感到认同。当然，为了达成合作，业务员可以在原报价的基础上适当下调价格。

（2）客户对产品感兴趣且想购买，但资金存在问题

网上询价客户表示对公司的产品很感兴趣，也很想购买公司的产品，但因为资金问题暂时无法购买。

针对这类客户的跟进，业务员应与客户做好协调沟通，共同制定时间表，让客户把购买公司产品的费用做好预算。

实际业务中，这类客户不会直接说自己没钱，业务员需要学会自行判断。很多业务员不会跟进这类客户，等想起来时，客户可能已经购买了其他供应商的产品。

如果外贸业务员经过详细的调查和取证，能够保证客户信誉是靠得住的，也可以考虑先将产品卖给客户，然后再约时间收取货款。

（3）客户不了解产品，态度不明朗

网上询价客户对公司的产品还没有一个很深入的了解，而且购买态度甚至交流态度不明朗，可买可不买。

对于这类客户的跟进，外贸业务员要尽量将自己的产品说得浅显易懂，要把产品给客户带来的好处传达到位，从而激起客户强烈的购买欲望，因为客户通常最关心产品能给他及他的公司带来什么样的实惠和好处。

2. 采取长远性跟进策略

长远性跟进策略是客户根本不想用公司的产品，或者已经购买了同类产品，这类客户不会因为你的积极跟进就选择你的产品或者与你合作。但这类客户是不是就放弃不跟进了呢？实践表明，这样的客户更容易出现大买家。

对于这类客户，如果业务员跟进的步伐太紧，反而容易引起客户的反感，最好的做法是真心实意地与客户做朋友。比如，周末一个温馨的短信，逢年过节一张祝福的明信片，生日的时候一个小小的生日礼物。只要业务员坚持不懈，这类客户就很可能给你带来惊喜。

业务员要了解客户的心态和最终的想法，同时也要确定自己想要传达给客户的信息，与客户跟进沟通时，就要围绕这个话题展开交流。

3. 经常打电话沟通

业务员要不断地与客户沟通，因为跟进的过程就是吸引客户的过程，尽可能地让客户记得你，知道你给对他带去的利益有多大。

无论业务员采取怎样的跟进策略，对于网上询价客户的跟进工作，均要做好以下事宜：

①确认收到询价，感谢客户的兴趣，简单介绍自己和公司，以及提供的产品或服务的优势和特点。

②询问客户的具体需求和预算，以及他们的决策流程和时间表，判断客户的购买意愿和紧迫性，以及是否有其他竞争对手。

③根据客户的需求，提供合适的报价和方案，或者安排产品演示或试用，同时解答客户的疑问和担忧，突出自己的价值主张和差异化优势。

④定期跟进客户，了解客户的反馈和评估情况，以及是否有其他问题或需求，可以通过电话、邮件或社交软件等多种方式联系，但频率不要过于频繁，态度不要过于强硬。

⑤在适当的时机促成客户下单或签约，或者邀请客户参加相关的活动，同时注意处理好合同、发票、付款方式等事宜，确保交易顺利完成。

5.1.3 不同情况下该怎么跟进客户

在外贸业务中，不同情况、不同类型的客户，跟进策略有所不同，只有针对性跟进，才能提高效率和成功率，简单介绍见表 5-1。

表 5-1 不同客户的跟进策略

客户类型	跟进策略
有兴趣购买的客户	跟进策略为加速处理，积极电话跟进，取得客户信任后尽快过渡到下一个阶段。通过频繁的沟通和交流建立信任，推动客户作出购买决定
犹豫的客户	重点是沟通联络，但不要过多推销产品。通过了解客户需求和兴趣，拉近与客户的关系，逐步区分客户的购买意向，从而采取不同的跟进策略

续上表

客户类型	跟进策略
近期不打算购买的客户	跟进的目标是建立良好的关系,不要放弃客户。业务员要保持联络渠道畅通,记录客户预计的购买时间,定期发送产品信息和活动通知,确保在客户需要的时候及时响应
已经报过价但没有反馈的客户	业务员需要电话跟踪沟通,询问客户对产品质量、功能等是否有疑问,重点介绍产品的优点和不同之处,解决客户的顾虑和疑问,强调产品的价值和回报,引起客户的兴趣
老客户	如果是已经合作过的老客户,外贸业务员一定要重视跟进工作,因为老客户常常会自发地为公司推荐更多新客户。适时地与老客户保持后续沟通,做好老客户的客情管理,根据对老客户需求的了解,定期、针对性地向老客户推荐公司的新产品或服务
潜在客户	这类客户在跟进环节很容易被业务员忽视,业务员应该保持对这类客户的耐心,采取长远性跟进策略
肯定不购买的客户	业务员应果断放弃,不要浪费时间,将更多精力用在维护老客户身上

无论面对哪种类型的客户,外贸业务员的跟进工作都有三个关键点。

把握恰当的跟单时机:跟单时注意把握时间和频率,如果收到客户的询盘,要第一时间回复客户,向客户报价,不要让客户久等。如果客户没有回复,仍然要隔一定时间将最新价格情况及其变动期限发送给客户。同时,还要注意跟进信件的发送时间,如果客户与公司所在区域存在时差,一定要根据客户的作息时间来跟进;如果客户已经购买了产品,也要在一周后及时进行服务性回访,了解客户是否有需要帮助的地方,并积极给予指导帮助。

跟进内容要吸引客户:跟进客户时客户是否及时回复,在一定程度上与发送的信息内容有关。如果跟进时没有注意内容的准确、完整和简洁明了,就会导致客户不愿意与你进一步交流。跟进时要注意找准跟进的重点和最终目的,不要夸夸其谈,更不要漫无目的,要围绕跟进工作的重点和目的与客户沟通,有技巧地提问,从客户角度思考问题并吸引对方注意。

用心对待客户:业务员在跟单之前要确保自己对公司产品或服务有专

业且深入的了解和认知，并且在市场行情方面也要做足功夫，防止跟进过程中被客户问住而影响客户对你甚至对公司的信任度。

5.2 从接待与拜访细节打动客户

外贸业务员跟进客户的过程中，免不了要负责接待和拜访工作，此时，可以从一些细节入手打动客户，从而顺利拿单。

5.2.1 出国拜访要做好充分准备

外贸业务员如果需要出国拜访客户，需要做好充分的准备，包括签证、机票、酒店预订、物料准备和行程规划等，简单说明如图 5-1 所示。

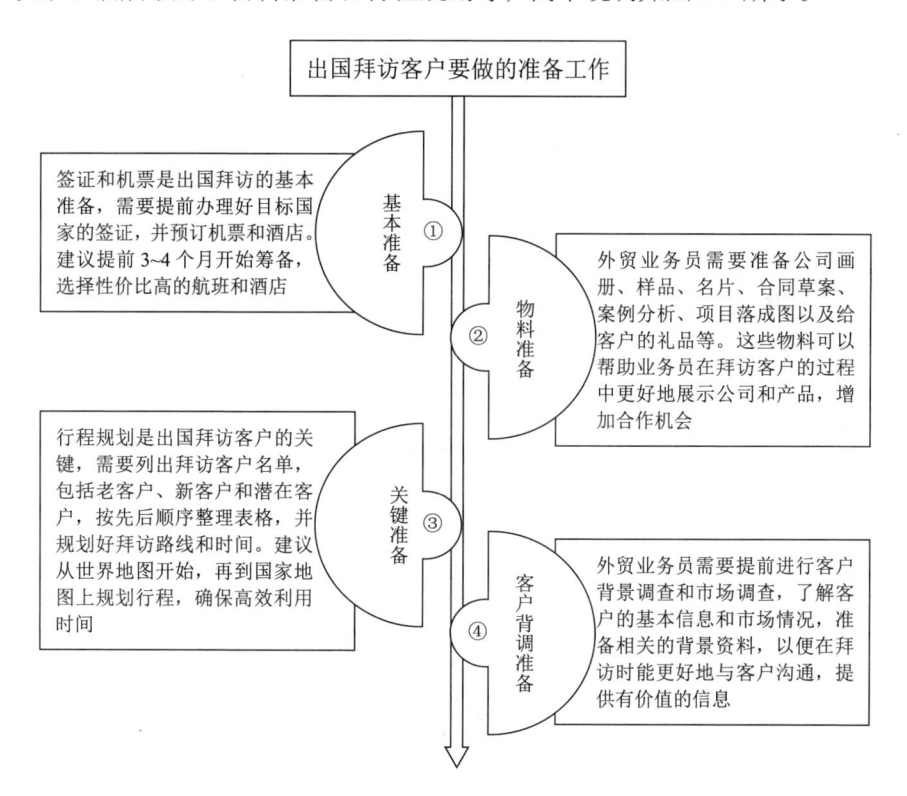

```
                出国拜访客户要做的准备工作
                         │
  ┌──────────────────────┼──────────────────────┐
  │                      │                      │
┌─────────────────┐    ① 基本准备
│签证和机票是出国拜访的基本│
│准备，需要提前办理好目标国│
│家的签证，并预订机票和酒店。│
│建议提前3~4个月开始筹备，│
│选择性价比高的航班和酒店 │
└─────────────────┘
                       ② 物料准备    ┌──────────────────────┐
                                     │外贸业务员需要准备公司画│
                                     │册、样品、名片、合同草案、│
                                     │案例分析、项目落成图以及给│
                                     │客户的礼品等。这些物料可以│
                                     │帮助业务员在拜访客户的过程│
                                     │中更好地展示公司和产品，增│
                                     │加合作机会              │
                                     └──────────────────────┘
┌─────────────────┐
│行程规划是出国拜访客户的关│
│键，需要列出拜访客户名单，│   ③ 关键准备
│包括老客户、新客户和潜在客│
│户，按先后顺序整理表格，并│
│规划好拜访路线和时间。建议│
│从世界地图开始，再到国家地│
│图上规划行程，确保高效利用│
│时间                    │
└─────────────────┘
                       ④ 客户背调准备  ┌──────────────────────┐
                                      │外贸业务员需要提前进行客户│
                                      │背景调查和市场调查，了解客│
                                      │户的基本信息和市场情况，准│
                                      │备相关的背景资料，以便在拜│
                                      │访时能更好地与客户沟通，提│
                                      │供有价值的信息          │
                                      └──────────────────────┘
```

图 5-1 出国拜访客户要做的准备工作

除此以外，外贸业务员还需要在其他方面做好充分准备。

商务礼仪：外贸员出国拜访客户，代表的是公司，需要遵循商务礼仪。如何接名片，如何递名片，着装有什么禁忌，客户的生活习惯等情况，都要有充分的了解，如果能真诚地表示喜欢或者感兴趣，会让客户更高兴。比如，赴日本拜访，着正装鞠躬接名片，提前知悉其忌数字4，客户会倍感尊重。见印度客户，避免左手递名片，穿素色服装，尊重其素食习惯。在法国用双手递接名片，避开黄色系着装，契合其文化禁忌。

提前预约的必须按时到访：客户也比较忙，业务员很可能事先打好招呼要过去拜访，如果约定了时间，就一定要准时，要充分考虑距离、交通状况等情况，不能因为堵车而迟到，否则很可能错过拜访的机会，甚至是后续合作的机会。

目的国零钱准备：目的国零钱准备不需要太多，能够应急即可。如果当地住宿酒店有小费习俗，则需要准备一些小额的当地货币，以备需要时支付小费。

学习目的国的基本语言或常用表达：出国拜访客户需要与当地人进行有效沟通，因此外贸业务员需要学习一些目的国的基本语言或者常用表达，以便能与客户进行简单的交流。如果语言能力有限，可以考虑请当地的翻译人员协助沟通。也可以借助翻译软件等翻译工具来协助沟通。同时，业务员要注意语言的表达方式和用词，避免使用可能引起误解或冲突的词汇或表达方式。

了解目的国的基本法律法规：外贸业务员要了解并遵守目的国的法律法规，不违法乱纪，避免因不了解而引起各种麻烦和问题。比如，某外贸员出口玩具到德国，因不了解其环保标准被罚款，损失惨重。某业务员向美国出口食品，因忽视FDA标签法规，货物被扣，延误订单交付。

做好安全防范措施：出国拜访也要做好安全防范措施，包括保管好个人财物和重要文件，不随身携带大量现金或贵重物品。外出时应注意周围环境和人群，避免走夜路或进入危险区域。如果有需要，要懂得如何向当地警察或大使馆寻求帮助。

5.2.2 客户来厂接待：资料准备与流程安排

如果客户要来公司或者工厂参观、考察，业务员需要准备相关资料，具体见表5-2。

表5-2 客户来厂需要准备的资料

资　料	简　述
接待计划	根据客户资料和客户级别，确定接待等级，制订相应的接待计划，包括客户行程安排与确认、酒店预订、机场接机、欢迎横幅或者欢迎牌等
相关谈资	了解客户的国家风俗及禁忌、公司规模和产品范围等，调查来访人员的职位和事迹，以便准备相关谈资，确保客户来厂后能和谐、顺畅地沟通交流
接待英语	流利的英语表达是展示企业专业形象的关键，提前准备接待英语，确保与客户交流时能够得心应手、流畅自如
会议室和谈判室的资料	根据客户到访时间，提前布置会议室，准备水果、糖果、饮用水或咖啡等，另外，准备画册、名片、小样品和PPT等资料，以便展示工厂信息和项目效果图
参观流程	根据来访客户的喜好和行业特点，灵活安排参观流程。一般先参观展厅，了解企业文化和产品特点；然后参观生产线；最后回到会议室进行深入讨论

客户来厂的接待流程也要提前规划好，可参考如下步骤：

①接到客户来访通知后，工厂接待人员应及时与客户联系，确认具体来访时间和人数，并向客户提供工厂的位置和交通方式等相关信息。

②客户到达前，接待人员应准备好相关资料，如公司介绍、产品展示和参观路线等，以便向客户展示工厂的实力和特色。

③客户到达工厂，接待人员应提前在工厂门口或接待区等地点迎接客户，并向客户致以热情的问候和欢迎。

④接待人员向客户介绍工厂的概况，包括工艺、生产设备、质量控制措施以及工厂的相关许可证和荣誉证书等。

⑤接待人员应安排客户参观工厂的各个部门，重点介绍工厂的核心生产线和关键设备，并向客户展示工厂的生产能力和质量控制措施。

⑥参观过程中，接待人员应积极回答客户提出的问题，解释产品工艺和技术细节，向客户展示工厂的工艺优势和产品特色。参观结束后，准备后续的洽谈事宜。

5.2.3　国际贸易商务礼仪不容小觑

恰当的商务礼仪既是一个人内在修养和素质的外在表现，也是人际交往中适用的一种艺术，是人际交往中约定俗成的示人以尊重、友好的习惯做法。从企业角度来说，掌握一定的商务礼仪不仅可以塑造企业形象，提高顾客满意度和美誉度，还能达到提升企业社会效益和经济效益的目的。

国际贸易商务礼仪包含以下方面：

服饰礼仪：服饰礼仪是商务活动中最基本的礼仪。在正规场合要求穿得传统、庄重、高雅。

会面礼仪：主要包括介绍礼仪和握手礼仪。介绍礼仪中，顺序是女士优先，职位高的优先。握手礼仪中，握手的力度很关键，中国人初次见面通常握到为止，一般不会过重；握手时间不宜太长或太短，国际上通用的标准是三秒钟左右；在场人员较多时，要稳步寻找握手对象，防止交叉握手、争抢的情况发生；握手时，双眼要正视对方，面带微笑，以示致意。

交谈礼仪：商务语言要恰当有礼貌，该明确时明确，该模糊时模糊；另外，还要注意目光礼仪、面部表情礼仪、手势礼仪、身体空间礼仪和沉默礼仪等。

体态礼仪：男士与女士要注意不同的站姿，女士展现亭亭玉立的美感，男士展现阳刚之美。

信时守约：诚信是争取别人信任的最好方式，信守时间、遵守约定。

尊重女士：无论在谈判场合还是休闲场合，男士都应表现出绅士风度，尊重女士、体谅女士、帮助女士、照顾女士。

尊重他人的信仰：对于别人的信仰应给予充分的尊重，不要说出或做出有损别人感情的话语或者行动。

尊重个人隐私：个人隐私不容干涉，比如对方的收入、年龄、家庭等，凡是对方不愿意谈论的事情都应适可而止。

以右为尊：在涉外交往中，讲究右尊左卑，右高左低，与我国的习惯恰好相反。

轿车座次：在迎送身份较高的客人时，需要主人陪车。在乘坐轿车时，应掌握相关的座次礼仪。通常，除司机外，轿车还有三个座位，副驾驶后的座位为一号位，驾驶员后的座位为二号位，副驾驶为三号位，应当请级别最高的客人坐一号位，夫人或级别次之的客人坐二号位，主人坐三号位。

商务交往的礼仪涉及的面很多，需要外贸业务员和接待员不断探索和积累。下面介绍一些国家的特殊商务礼仪，以供参考，具体见表5-3。

表5-3 不同国家的商务礼仪

国　家		商务礼仪
英国	见面礼仪	英国人时间观念极强，商务活动务必提前预约，并严格准时到达。迟到会被视为缺乏专业素养和不尊重对方，若因特殊情况可能迟到，需提前告知并诚恳致歉
	会议礼仪	会议前充分准备资料，明确议程和目标。会议中专注倾听，发言简明扼要，尊重他人讲话，不随意打断。对于会议决策和任务分配，认真记录并及时反馈进度
	餐饮礼仪	受邀用餐时，遵循餐桌礼仪。使用刀叉时，左手持叉、右手持刀；进餐时尽量不发出声响，不狼吞虎咽；嘴里有食物时避免说话；餐巾铺在腿上，中途离开将餐巾放在座椅上，用餐结束后整齐放在餐盘左侧
法国	见面礼仪	自我介绍时，先报姓氏，再报教名更显正式，如"Bonjour, je m'appelle Martin, Sophie"（您好，我是马丁·索菲）。握手时力度轻快，轻握上下晃动两下，且需与在场所有人一一握手，当天不再重复。正式场合下，法国人多只透露姓氏，贸然直呼名字被视为失礼。外贸业务员谈生意前，务必提前确认对方姓名。商务往来中，名片需双语印制，母语与法语各占一面，递送时用双手或右手，正面朝向对方，收到后认真查看，适时称赞，展现尊重

续上表

国家		商务礼仪
法国	会议礼仪	会议伊始，常以简短开场白暖场，或安排咖啡、茶歇增进交流。即便不会法语也能开展洽谈，但沟通前需为语言能力不足致歉。若长期深耕法国市场却无暇系统学习法语，掌握常用短语与问候语很有必要，能有效拉近距离。法国人用餐节奏舒缓，商务聚餐时，业务员要耐心适应，避免急躁催促，自然融入当地社交节奏
	着装礼仪	法国人对商务着装极为考究，追求时尚与专业兼具。男士宜选剪裁合身的深色西装，像深灰、藏蓝款都是经典，搭配素色衬衫、简约领带，皮鞋务必洁净锃亮；女士多穿优雅套装或连衣裙，黑色、深灰、酒红等中性、深色系更显端庄，切忌穿着色彩艳丽、图案繁复或过于暴露的服饰。配饰选择遵循少而精原则，以简约精致为宜，避免喧宾夺主
印度	见面礼仪	印度见面礼仪主要包括合十礼和拥抱礼。合十礼是将双手掌心相对，十指并拢，然后放在胸前，表示虔诚和尊敬，且行礼时通常重复两次，遇到不同身份的人，姿势会有不同，如对长辈行礼，双手合于鼻梁之上；对平辈则合于胸口和下巴之间；对晚辈则稍微合于胸口即可。而拥抱礼主要用于亲人或朋友之间
	会议礼仪	印度人在商务会议中，肢体语言运用丰富，点头有时并非表示赞同，而是可能在思考或表示收到信息；头部左右摆动，反而代表肯定、同意。与他们交流，务必仔细观察这些细微肢体动作，精准解读其意图，但切勿使用被视作冒犯的肢体语言，例如用手指直接指人，这在印度文化里极为失礼；同时，不要以摇头表达否定，易引发误解。会议沟通时，印度人注重建立良好关系，开场可能会有一段轻松闲聊，先聊聊家庭、兴趣爱好、文化传统等话题，拉近彼此距离，不宜急于切入正题
	着装礼仪	在印度参加商务活动，着装需契合当地文化与场合。男性可选择款式简洁的深色西式西装，搭配素色衬衫与保守领带；女性着西式正装套裙或连衣裙时，注意裙摆及膝、领口不过于低胸，保证着装端庄。需着重注意，由于印度部分人对皮革制品忌讳，尤其是与牛相关的皮革，所以商务会议等场合，尽量不穿戴皮革材质的衣物、鞋子、包包等，以免引发误会
泰国	见面礼仪	见面时行双手合十礼，将手合十于胸前，头稍微低下，地位较低或年纪较小的人应主动向地位高和年纪大的人致合十礼，而地位高、年纪大的人还礼时手不应高过前胸。称呼通常使用名字而不是姓氏。另外，切记不要接触对方的头部以及头顶以上的空间，因为泰国文化中头部是神圣不可侵犯的
	会议礼仪	泰国人性格含蓄，不喜欢与他人有身体上的接触，会议中应尽量避免，应保持适当距离。交谈时语调平和，不要大声说话或做出夸张的手势

续上表

国　家		商务礼仪
泰国	着装礼仪	男士西装以深色为主，如黑色、深蓝色等，并搭配领带；黑色或深棕色的皮鞋是商务场合的最佳选择。女士着装的颜色也以深色或中性色为主，如黑色、灰色、米色等。在泰国，有些颜色或图案可能具有特殊意义或被视为不吉利，如褐色与狗图案
韩国	见面礼仪	见面时传统礼节是鞠躬，鞠躬的深度和时间长度取决于对方的地位和关系，晚辈、下级等对长辈、上级应行鞠躬礼，商务场合中，即使是同级或者平辈之间，也常以鞠躬礼打招呼
	会议礼仪	商务会议或国际交往中，握手也是韩国人常见的问候方式，可能用双手，或者只用右手。称呼韩国客户时应使用敬语和尊称，如"先生""女士"等，并附上对方的姓氏，并附上"初次见面请多关照"等适当的问候语
	着装礼仪	男士可以选择西装领带，女士可以穿着西装或者传统的韩国服饰，如韩服，穿着尽量保守
日本	见面礼仪	日本人见面多以鞠躬为礼，鞠躬的弯曲角度根据场合和表达敬意程度的不同而有所区别。会释是一种很轻的鞠躬礼仪，颔首轻微点头，呈15度倾斜，多用于上下班问候、进入退出时、跟上级或客人擦身而过时等
	会议礼仪	日本人的时间观念极强，务必提前通过邮件或电话预约拜访时间，并严格遵守约定。如有任何变动，务必提前通知对方，以免给对方带来不便。另外，迎送客人、拜访客户时常用敬礼，即从腰到头呈一直线，把脊背伸长，身体前倾30度；表示感谢、道歉时使用最敬礼，鞠躬倾斜角度为45度。不要打听日本人的年龄、婚姻状况、工资收入等私事，也不要谈论政治和敏感话题
	着装礼仪	男女均需穿西装或者礼服

5.3　果断签单提升订单转化率

在外贸业务中，业务员有时也需要拿出果断的态度快速签单，提升订单转化率。但这并非一日之功，果断签单的前提是要掌握顺利成交、切实满足客户需求等的方法。

5.3.1　外贸客户跟进的四七法则

外贸客户跟进的四七法则是指大约80%的销售订单来自第四次到第

十一次的跟进。很显然，这一法则强调了持续、稳定地跟进客户对于促成交易是非常重要的。

客户的需求和决策过程通常都是比较复杂的，需要多次跟进才能深入了解客户的真实需求和关注点，进而才能提供合适的解决方案和服务。但是，过于频繁的跟进又可能会让客户感到困扰甚至厌烦，因此，合理的跟进频率和恰当的沟通策略是关键，这就是四七法则背后的逻辑。

运用四七法则跟进客户时，可以采取以下策略：

保持稳定且及时的沟通：恰当的沟通频率可以帮助客户保持对公司的印象，不会因为长时间没有联系而被遗忘。推荐的跟进频率可以是第一天、第三天、第五天、第七天，依此类推。

选择合适的跟进时间：外贸业务员要避免在客户工作繁忙的时间段开展跟进工作，一般选择下午三点左右或者周四、周五进行电话或邮件跟进，可以提高回复率。

保持良好的心态：因为四七法则的运用需要经过一个漫长的跟进过程，所以需要外贸业务员保持耐心和持续的努力，避免急于求成，同时还要从客户的角度出发，提供有用的建议和服务。

四七法则的具体实施可以参考以下内容。

第一天：外贸业务员要向客户询问产品或服务的效果、感觉，并向客户说明注意事项。

第五天：再次跟进客户，询问对产品或服务的感受，并提出下次订购或服务的时间临近了，提醒客户做好订购或接受服务的准备。

第七天：如果客户没有反馈，或者没有联系，外贸业务员要询问对方原因，并再次确定时间，告诉客户由谁负责后面的跟进工作。

5.3.2 顺利成交的跟单技巧

要想与客户顺利成交，外贸业务员需要掌握一定的跟单技巧，包括但不限于表5-4中的一些。

表 5-4 顺利成交的跟单技巧

跟单技巧	解释与操作
跟单时间不要太勤	对于迟迟下不了决定的客户，业务员的跟单时间以三天一条信息、五天一个电话为准；对于细节已经谈好，但没有签订合同的客户，外贸业务员的跟进方式最好以面谈为主
营造紧迫感	外贸业务员在适当的时间适度地强调时间节点，给客户营造一种紧迫感，但要注意不要过度渲染时间节点，以免得不偿失
进入正题之前先寒暄	外贸业务员跟单时切忌让自己的动机太过明显，而应该以自然为佳。比如，进入正题之前可先互相寒暄
交心式跟单	外贸业务员应时刻考虑和谨记客户的切身利益，尽力为客户解决难题，争取获得客户的认可
仔细观察客户的肢体语言	业务员与客户沟通时，应仔细观察客户的眼神、表情和动作，因为这些肢体语言可以反映出客户的心理状况，从而有助于业务员分析和判断客户的真实意图和需求
掌握提问技巧	业务员应学会使用引导性问题，逐步引导客户进入正题、表明需求和立场、大胆说出自己的想法
让客户信任	信任是一切销售技巧的基础。业务员给客户推荐产品或服务时，不一定要推荐最贵的，但要推荐最合适的，这样才能取得客户的信任，先有信任才有接受
先强调最重要的卖点	外贸业务员应最先向客户介绍公司产品或服务的重要卖点，以及客户将获得的最有效的效果或收益，给客户留下深刻印象
突出产品独一无二的优势	如果自家产品相对于竞争对手的产品来说没有太大优势，此时业务员可以将大部分精力放在自家产品独有的优势上，这很可能是销售过程中的撒手锏
不要唱独角戏	业务员在销售过程中要让客户主动参与到沟通中，当客户讲话或者发表意见时，不要打断对方，要保持目光接触，观察面部表情和声调变化，千万不能唱独角戏而一个人自说自话
建立良好的沟通渠道	与客户保持密切的联系，及时回复客户的询问和反馈，就可以建立双方互信关系，从而提高成交的概率
明确订单细节	确认清楚客户的需求，包括产品规格、数量、交货日期等，并在订单中明确记录，让客户感受到公司的专业，从而对公司产生信任，提高成交率
定期更新订单状态	向客户提供订单的实时状态，包括生产进度、运输安排等，让客户实时了解订单的进展情况，让客户安心，从而增强客户的好感，促进成交
做好团队合作	外贸业务的跟单工作通常需要不同部门和人员协调合作，包括销售、物流和客服等，所以，一个成功的跟单员需要具备良好的团队合作精神，与团队成员保持良好的沟通和协调，并及时分享信息和解决问题，提高工作效率和准确性，从而让客户看到公司的实力，进一步提高其购买欲望和成交率

续上表

跟单技巧	解释与操作
持续改进	外贸公司应定期评估外贸业务员的跟单过程，寻找改进机会，帮助业务员提高工作效率和客户满意度，从而提高正在成交以及未来可能成交的订单的成交率

不是所有业务员都能次次达成交易，或多或少都会遇到客户难缠、客户问题难解决、客户需求难满足等情况，业务员想要顺利成交，跟单技巧的运用是必不可少的。而跟单技巧需要外贸业务员在工作中不断积累，然后再加以利用。

5.3.3 让客户果断签单的方法

比起让客户顺利下单，让客户果断签单会更难。一些有经验的外贸业务员有自己的方法让客户果断签单，这需要在工作中不断总结、积累。下面简单介绍一些让客户果断签单的方法。

1. 以象征性的行动引导客户做决定

外贸业务员可以在与客户谈到某个恰当时机时，将合同和笔一并拿出，这可以让客户感受到压力，客户很可能情不自禁地签字；或者在需要客户做决定而犹豫不决时提出中场休息，站立起来，借口去卫生间，也会让客户感受到压力，从而尽快作出决定。

这种方法利用了人类在被迫作出决定时往往会迅速行动的心理，让客户感受到压迫感的同时尽快作出反应。

2. 引导客户做"二选一"的决定

大多数人在面临多种选择时，往往会有选择困难症，要想客户果断下单，可以减少选项，引导客户做"二选一"的决定。比如：

"您是今天签单还是明天？"

"您是现在签单还是下午签单？"

"您是签 1 000 套还是 2 000 套？"

"您是想采用'预付款＋信用证'的付款方式，还是想采用全部信用证的付款方式？"

这样的"二选一"问题可以让客户直接面对选择，减少犹豫，从而快速做出决定。

3. 举其他熟悉客户的例子

外贸业务员在当前客户面前，可以通过引用其熟悉的人或公司的成功案例，增加客户的信任感和安全感，从而促进签约。比如：

"××大公司使用该产品后，反馈非常满意。"

"贵公司所在地的××公司也在使用我们的产品，反响很不错。"

通过列举客户熟悉的人或公司的成功案例，可以刺激客户的购买欲望，从而促使客户果断下单。

另外，用最近成单的客户刺激未下单的客户，告诉客户他需求的产品又有客户下单了，同时告诉客户可以给他一个优惠价格，如果近期下单，还可以缩短交货期。

4. 细心且精准地安抚客户的不安

外贸业务员要探究客户的疑虑并逐一解答，要能精准地安抚客户内心的不安情绪，消除客户的顾虑，促使客户果断签单。比如：

"您还有什么不清楚的吗？请尽管提出来，我们会耐心为您解答。"

"您放心，如果到货后发现有什么问题，您可以随时联系我们处理。"

"您大可放心购买我们公司的产品，质量有保证，售后服务条款会在合同中写得清清楚楚，会尽最大努力为贵公司减少风险。"

解决客户的疑虑是促成交易的关键，通过细致的解答和沟通，可以消除客户的疑虑和顾虑，从而让客户果断签单。

5. 根据当地的市场行情催促客户下单

外贸业务员可以直接告诉客户最近其所在地对公司的这个产品的询盘很多，需求量很大，有很好的市场，以此来刺激客户的购买欲望。

如果参与谈判或沟通的人是客户公司的一名采购人员，外贸业务员可以非常自信地告诉对方，本公司的产品目前在他们国家有很好的市场价值，公司可以帮助他开拓市场，如果能把这个产品引荐给老板，还可以帮助他争取更多优惠，让对方公司的老板重视他。这样的条件很难不让人心动，达到让对方果断签单的目的是比较轻松的。

6. 使用优惠或折扣

使用优惠和折扣通常是外贸业务谈判中的最后王牌，提供优惠条件可以增加客户的紧迫感，促使客户迅速做出决定。

7. 换身份与客户交流

如果外贸业务员遇到不好沟通的客户，也可以用另一个新的身份与客户沟通，比如一个新的邮箱，一个新的英文名字，甚至先不告诉客户自家公司的名称，通过这种方式来了解客户的心理究竟是怎么想的，是诚心购买，还是只是探探价格。

这样一来，外贸业务员就可以排除一些确实很难成交的客户，从而提高成交其他客户的效率，将更多的时间放在联系其他客户上，让成交率高的客户能果断签单。

5.3.4 满足客户多样化需求拿下订单

在科技不断进步、消费者需求不断变化的时代，公司不再只是简单地提供产品，而是必须提供更多、更好的服务来满足客户需求。公司需要改变原有的服务模式来满足客户的多样化需求。

①一些公司通过增设服务项目或者改进现有服务来提高客户的体验。比如，某汽车制造企业可能会加强售后服务，包括延长保修期限和提供更全面的保养服务。

②一些公司通过技术创新来提供更智能、便捷的服务。比如，智能家居系统可以根据家庭住户的喜好和需求来自动调节温度、开关灯光等，为住户

创造更舒适的居家体验。医疗保健领域的虚拟医生让患者及其家属可以通过智能手机获得一些基本的医疗服务,这样就提高了医疗保健的便利性和效率。

③一些公司以用户为中心,将客户的要求和反馈纳入服务设计中,将用户体验作为公司服务的核心,从而改善服务质量并满足客户需求。比如,通过用户调查和数据分析,企业可以更好地了解客户的需求,并针对不同的用户推出不同的产品或服务,满足客户的个性化需求。

客户的多样化要求不仅体现在创新的服务模式上,还体现在表5-5展示的几个方面。

表5-5 客户多样化要求的体现

体现方面	简述
消费行为的多样性	客户的消费行为因年龄、性别、职业、文化水平、经济条件、个性特征、地理区域和生活方式等因素的不同而呈现多样性。随着消费力提高,消费者更注重个性消费,消费行为的多样性将不断扩大
需求的层次性	著名的需求层次理论认为人类需求从低到高分为生理需求、安全需求、归属感和爱的需求、自尊的需求和自我实现的需求。不同客户群体的需求层次不同
服务需求的个性化	客户对服务的期望值不断提高,个性化服务成为重要趋势。外贸企业在提供标准化服务时,需要提供多样化、个性化的服务,以满足客户的特殊需求,从而赢得客户的青睐

实际操作中,满足客户多样化需求并拿下订单的关键是深入了解客户需求、提供定制化服务、灵活应对客户变化,并通过有效的沟通方法促成交易。

1. 深入了解客户需求

外贸业务员要想深入了解客户需求,就要学会洞察客户情况、细分客户类别、建立客户画像。

洞察客户情况:通过市场调研、问卷调查、访谈和社交媒体调查等方式,收集并分析客户的反馈意见,了解客户的真实需求和痛点。

细分客户类别:将客户群体按照不同特征,如年龄、性别、地域、消费习惯等进行细分,便于更精准地定位目标市场。

建立客户画像:业务员可以基于收集到的数据,为不同客户群体建立详细的客户画像,包括客户的需求、偏好和购买行为等。

2. 提供定制化服务

外贸业务员根据客户需求和画像，定制化设计产品或服务，确保产品功能、外观、性能等方面都能精准满足客户需求。另外，可以邀请客户参与产品设计和生产过程，通过互动和反馈，进一步确保产品能满足客户的真实需求。

在这个阶段，要想满足客户的多样化要求，还需采用灵活的生产模式和工艺，从而保证能快速响应客户订单的变化。

3. 灵活应对客户变化

优秀的外贸业务员应时刻记录客户需求和反馈，以便更好地理解客户的期望和要求。面对抱怨的客户，要积极提供补偿和满意的服务，以保持客户的信任和忠诚。

4. 有效的沟通方法

外贸业务员应积极采取不同的沟通方法，与客户建立良好的沟通氛围，精准捕捉客户的购买信号，然后为客户提供不同的解决方案，以应对客户的多样化要求。

5.3.5　合同签订谨慎要点：条款审查与风险防范

要想提高订单转化率，不仅需要让客户果断签单，还需要保证合同准确无误，因此，外贸业务员在与客户签订外贸合同时，一定要谨慎小心，别让合同为履约埋下隐患。

核实合同主体的身份：外贸业务员要确保外贸合同首尾部的交易双方名称与在国家机关登记的名称一致，合同签章应由具备对外签署合同资格的主体进行。

避免空白条款：签订的外贸合同中应尽量避免出现空白未填项，格式合同中不需要填写的部分应填"/"或者标注"空白"字样，以防止有心之人篡改合同内容。

严格审查合同内容：仔细审查外贸合同的内容，确保内容没有损害社会公共利益、恶意串通损害国家、集体或第三人利益的条款。

明确合同条款：外贸合同中的各项条款应明确具体，避免模糊不清的表述，尤其是涉及合同金额、付款期限和付款条件等的关键条款。

随时确认重要细节：外贸交易中的一些重要细节可能在签订合同的过程中不断发生变化，因此需要随时与客户沟通确认，以防信息不对称引起经济纠纷。

明确约定违约和争议解决条款：外贸合同中也应明确双方的违约责任和争议解决方式，包括管辖法院或者仲裁机构等。

保留证据：无论是出口方还是进口方，在签订合同的环节都应保留所有相关证据和单证，包括对方的身份证明、授权委托书等。

熟悉合同价款背后的奥秘：外贸合同价款不只是一个单纯的金额数字，它包含了价格条款、计价货币和贸易术语等内涵，其中，价格条款是国际贸易合同的核心内容之一，包括单价和总值两部分，合理确定商品的单价，防止偏高或者偏低，是避免价格风险的关键；选择有利的计价货币也至关重要，可以减少汇率波动带来的风险，如果使用不利货币，应争取订立外汇保值条款来锁定汇率；贸易术语也会影响合同价款，不同的贸易术语下，买卖双方所负的责任大小是不同的。

规避合同陷阱和风险：外贸合同中常见的陷阱包括交货条款不明确、付款条款含糊不清和违约责任不明等。交货时间、地点和方式不明确容易导致争议；付款方式和时间不明确会导致资金回收困难；违约责任不明确容易发生难以有效追责的情况；"阴阳合同"会导致双方存在矛盾和交易差距，引发经济纠纷。要学会规避这些陷阱和风险，合同条款要清晰，内容要具体且完整，正式合同与口头约定的内容应一致。

5.4　样品管理攻略：细节决定成败

外贸公司与客户顺利签单后，需继续做好业务跟进工作，包括商谈样品细节和寄送样品，而样品的质量直接关系到客户最终是否与公司合作，因此，外贸业务员需把控样品质量。

5.4.1 样品可以分为哪几类

在外贸交易中不同阶段产生的样品，其名称不同，作用也不同。常见的样品类型如下：

（1）产前样

产前样是指在生产前制作并提供给客户确认的样品。这类样品用于确认产品的设计、颜色、材质、工艺等细节是否符合要求。

产前样可以让外贸公司确保批量生产前客户对产品有明确的了解，并提前发现和解决可能存在的问题，减少后续生产中的修改和调整，从而减少浪费和损失。

（2）确认样

确认样是经过客户确认并同意按照该样品进行大货生产的样品。确认样作为大货生产的依据和标准，确保了大货的质量、规格、颜色等与客户要求一致。

外贸公司制作确认样时，应确保至少制作两个：一个寄送给客户确认，一个留在公司内部作参照。

（3）大货样

大货样是指在大货生产过程中或者生产完成后，从生产线上随机抽取的样品。大货样通常用于检查大货的质量、规格、颜色等是否符合要求，以及确认生产过程中的稳定性和一致性。大货样对于确保大货质量和满足客户需求非常重要。

有些公司会将大货样称为"生产样"，一般是应买方要求在大货生产过程中随机抽取的样品。

（4）手板样

手板样是指在没有正式模具的情况下，根据客户要求或者设计图纸手工制作或初步生产的样品。手板样用于验证产品设计的可行性和外观效果，以及为后续开模和正式生产提供参考。

手板样制作成本相对较低，但精度和耐用性可能不如正式生产的产品。

（5）出货样

出货样是指在大货生产完成后，出口方在做好全部出货准备后寄送给客户的样品。出货样通常用来确定产品的品质和包装。

出货样有时也被称为"生产样"，在外贸流程中，出货样是订单生产完成或者中期时准备的一种样品，用于让客户确认产品质量和样式。

除了这些常见的样品类型，在外贸交易中还有一些比较特殊的样品，简单介绍见表5-6。

表 5-6 其他一些特殊的样品类型

样品类型	简述
原样	也称头样、初样，是指根据设计图纸制作的样板，或者是工厂提供给一个客户作为参考的另一个客户的产品款式，泛指客户第一次要求工厂制样所需的样板，重点在于款式和工艺，而面料和颜色等都可以有所不同
试身样	也称款式样，一般与跳码样（size set sample）结合使用，主要用于评估产品的实际穿着效果和尺寸准确性。如果客户试穿不合身，就必须查纸样
销售样	也称大样、行街样，是指客户用于展销会的样品，或者开货前外贸公司做给客户试卖的样品，目的是将做出的新款式，通过展销获得订单。销售样一般要求齐色齐码，凡是大货样需要做到的，几乎销售样都要做到，但是销售样还可以在大货生产中再做修改。因此，销售样重在款式和卖相
测试样	有些客户要求进行产品测试，就需要制作测试样，主要测试产品在洗水、颜色、环保方面是否符合客户要求。测试样有可能做很多次
船头样	主要是给客户参考，确定所要出的货的情况。船头样代表整批大货的质量，所以工艺要与大货一致，做工要好
回样	也称对等样品，是工厂根据客户提供的原样制作并寄回客户，经客户确认的样品，主要确认款式、工艺和尺寸等
复样	卖方向买方提供原样时，同时留存的具有同样品质的样品，以保证买卖双方各执一份同样品质的样品，作为发生品质纠纷时的解决依据
封样	指由第三方或者公证机关在一批货物中抽取同样质量的样品，采用铅丸、钢卡、封条等各种方式加封，由第三方或者公证机关留存备案的样品

这些样品在外贸订单成交过程中扮演着不同的角色，对确保订单质量和客户满意度至关重要。外贸公司可通过合理分类样品、科学设定样品费和快递费用，以及根据客户等级制定相应的策略，从而有效提高订单成交率，建立良好且稳定的合作关系。

5.4.2 第一次寄样前有哪些细节需要沟通

外贸公司第一次向客户寄样前，有一些细节需要与客户沟通。

样品类型和数量：根据客户的要求，通知工厂寄送样品，并沟通样品的包装尺寸和重量，以便计算运费。一般建议寄送两三种不同的样品供客户选择。

样品质量：如果厂家或者客户需要的质量不确定，那么外贸公司就需要向客户寄送不同质量的样品供客户选择。

邮费问题：一般来说，建议外贸公司要求客户支付样品的邮费，或者双方各付一半。在寄送样品前，明确告知客户邮费金额，并在得到客户同意后再进行样品寄送。

样品资料：寄样前，外贸业务员要与客户沟通，确保样品资料齐全，包括产品检验报告、质量评测、产品建议书等。在样品中放入个人名片和公司名片，以便客户联系。

联系方式：外贸公司应在样品上附上企业或个人的联系方式，以便客户更准确地联系到人。同时，要与客户沟通，确认好寄送地址和寄送时间等信息，确认无误后再寄出去。

小礼物：在寄样前与客户沟通，看是否需要随附小礼物，从而增加客户的满意度和对公司的好印象。

第一次寄样前，外贸业务员一定要与客户进行充分的沟通，了解客户的需求和期望，为后续的样品选择和寄送做好充分准备。如果条件允许，还可以向客户传真一份邮递底单，这样既能加深客户对公司和产品的印象，又能实时掌握样品的寄送情况。

5.4.3 如何谈样品费和快递费

外贸业务中，样品费和快递费是一个相对比较棘手的问题，一方面，有些客户没有收到样品，会拒绝进一步商谈，从而使外贸公司错失一些可能的合作机会；另一方面，为了显示公司的诚意，免费向客户寄送样品，客户虽感到高兴，但往往后续就会杳无音讯，外贸公司面临损失，偶尔一两次尚可接受，但次数多了损失也就大了。那么，外贸业务员该如何与客户商谈样品费和快递费呢？

其实，外贸业务员可以根据样品的价值来决定，毕竟生意是相互的，双方都要共同承担风险。外贸公司寄出样品必须高效，不能一味地免费寄出，也不能过于吝啬而让客户承担全部费用。对于首次合作的客户，需要双方的共同理解与配合。

一般来说，可以根据客户的新老程度，结合样品的货值以及运费高低，采取不同的策略。

比如，对方是新客户，如果样品货值较低，可以免收样品费，但快递费要由客户承担，一般采取到付形式。如果样品货值较高，可以向客户收取样品费，快递费也到付。如果客户诚意不足，可以在样品费上适当收取一些费用。如果客户不愿意支付全部样品费，可以与客户商量分担费用，如收取一半样品费，运费由客户承担。

如果对方是老客户，且资信较好，外贸公司可以预付样品费和快递费，以此维护双方的良好合作关系；也可以向客户提供多种快递方式和方案，让客户根据需求和预算选择合适的快递服务。需要注意的是，免费寄出的样品往往得不到回应，因此，在决定免费寄样之前，需要与客户进行深入交流，感受到客户的诚意，比如客户可能多次电话咨询产品信息和报价。如果客户只是通过电邮或者贸易平台联系，除非已经跟进很久且双方都有合作意向，否则不考虑免费寄样。

还有一种策略，即客户承担样品费，卖方承担快递费。当样品价值较高时，通常不会免费寄出样品，但可以考虑由卖方支付运费，这样既保护了公司利益，也体现了公司对客户服务的真诚态度，实现双赢。

另外，外贸公司也可以制定硬性的公司样品政策。比如，任何客户都需要支付快递费或者样品费，或者两者皆有，但承诺在客户下单时从货款中扣除这笔费用。

如果客户对于样品有特殊要求，如定制样品，则客户需要承担样品费和快递费，并承担定制产生的额外费用，如制版费、操作费、包装费等。

如果新老客户是潜在的大买家，因他们有太多的供应商可选，所以态度都比较强势，不仅不付样品费，甚至连运费都不想承担。此时，外贸业务员就要自行考量，有没有必要用这部分投入作为接触大客户的诚意和敲门砖。

总之，免费寄样品可能会让客户感到诚意，但往往会导致客户没有反馈或者长时间没有消息，因此，外贸业务员一定要站在公司利益角度，考虑免费寄样和非免费寄样的利弊，从而给出合适的样品费和快递费方案。

下面来看一个具体的外贸业务样品费和快递费的案例。

实用范例 以退为进促使客户主动承担样品快递费

某外贸公司的业务员遇到了是否向客户寄送样品的难题，他选择先向客户说明公司很乐意随时免费推荐最新潮的产品款式给他们，以吸引客户注意。但同时也将公司面临的样品费或者快递费负担和困扰告知客户，如果客户愿意为公司分担样品费或者快递费，那么可以考虑向客人寄送样品。

英

Dear Sir,

Firstly, thank you for your continuous support in the past years, we wish our business snowballing in the coming years.

As per the summing-up made by our financial department in the last half year, the statistics show that we had a very heavy burden on sample cost. As you know, during the past years we supplied small quantities of samples to our customers free of charge. In this way, we not only had to pay the samples cost in our factory, but also pay for the postage to express delivery services, such as UPS,

第 5 章 顺利拿单的业务跟进技巧

FedEx. However, our profit is getting smaller and smaller. Under the above-mentioned situation, we find it is getting difficult to run business in this way. In order to solve this matter in a reasonable way, we hope our customers could help to share the cost by paying the postage. So could you please inform us of your account number for UPS, FedEx, or other express delivery services? So that we could send samples using your account number, while we will continue to supply small quantities of samples free of charge as before.

We believe this will be beneficial to develop the business between us. Most of our customers are doing it this way now. We sincerely hope it will be workable to you. Please kindly comment the new way and advise us your A/C No.. Thank you for your cooperation.

Looking forward to hearing from you soon.

中

先生您好：

首先感谢您多年以来的支持，我们希望双方的业务在未来的几年里能够蓬勃发展。

根据我们财务最近半年的总结，我们的样品成本负担非常重。如您所知，在过去的几年里，我们向客户免费提供小批量样品。这样一来，我们不仅要支付工厂的样品费用，还要支付快递公司的邮费，比如 UPS、FedEx，但是我们的利润越来越少。在上述情况下，我们发现以这种方式经营业务越来越困难。为了合理解决这个问题，我们希望客户可以通过支付邮费来帮助分担费用。所以您能不能告诉我们您的 UPS 或 FedEx 或其他快递的账号？这样我们就可以用您的账号寄样品了，我们也会像以前一样免费提供正常小批量的样品。

我们相信这将有助于发展我们之间的业务。我们的大多数客户现在都是这样做的。我们真诚地希望它对贵方也是可行的。请评论一下新方法，并告知我们贵方的信用证号码。谢谢您的合作。

期待您的回复。

这样一来，客户收到此信件后，就算仍然不肯负担邮费，也不会随意要求样品了。

第 6 章

外贸高手持续成单的实战技能

在外贸业务中，能够持续成单的业务员是比较少的，通常是工作了很多年的外贸高手。持续成单不仅能给公司带来可观的收益，还能提高业务员自身的工资收入水平，以及丰富外贸公司销售团队的谈单技能和方法，因此，外贸业务员有必要学习外贸高手持续成单的实战技能。

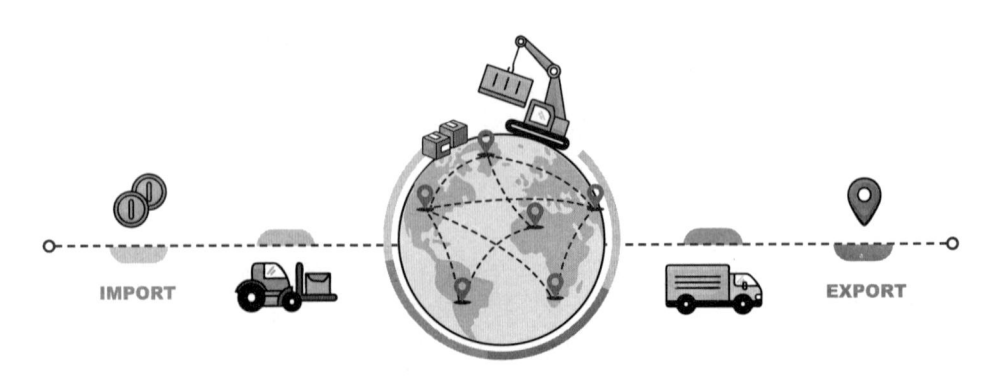

6.1 如何让老客户长期持续下单

让老客户长期持续下单的关键在于建立和维护良好的客户关系，并提供优质的客户服务。在当前重视服务的经济环境下，供应链服务的质量也会影响老客户的购买决策。

6.1.1 重视外贸供应链服务

外贸供应链服务对老客户持续下单的影响主要体现在提升客户满意度和增强客户忠诚度等方面。

1. 供应链服务的高水准能显著提升客户满意度

外贸公司通过提供高质量的产品和服务，能够满足客户对交易物流的期望，从而提升客户的满意度，进而留住客户，产生更多业务量，提高公司的获利能力。

比如，外贸公司确保产品质量、及时交付、灵活应对客户需求变化等，都是提升客户满意度的关键因素。

信息拓展 什么是供应链服务

供应链服务是一种商业模式，它通过帮助企业以较低的运作成本达到较高的客户服务水平，来提高客户满意度。

2. 供应链服务的优化可以增强客户忠诚度

外贸公司通过优化供应链管理，能更好地满足客户在物流方面的个性化需求，提供更周到的服务。

比如，对客户购买的货物进行全时段、全程监控，并及时向客户反馈物流情况；或者告知客户负责货物运输的公司或者团队的信息，让客户可以自行审查运输公司的资质，使客户可以对公司的安排放心，进而提高客户对公司的认可度和好感度，也能促使老客户持续下单。

外贸公司重视供应链服务以吸引老客户长期持续下单，实际上是通过提高服务质量和水平来赢得客户的好感和信任度，从而促使老客户更放心地与公司合作，维持长期稳定的合作关系。

6.1.2 与客户建立高度信任的长期合作关系

外贸公司要想与客户建立高度信任的长期合作关系，不仅需要与客户保持良好的沟通，还要建立完善的客户管理系统，通过分类管理客户、记录客户的交易历史和偏好，可以更好地了解客户需求，为客户提供更精准的服务。

比如，建立客户数据库、进行客户分类、采用CRM系统等，都是有效的客户管理手段，有助于建立与客户的高度信任关系。

那么，外贸公司或者外贸业务员怎样与客户保持良好沟通才能促使公司与客户建立高度信任的长期合作关系呢？

概括来说，公司与外贸业务员应通过与客户的感情交流、定期维护客户关系等措施，与客户建立长期的合作关系，确保客户持续下单。业务员要与客户频繁互动，尤其是在销售高价值产品时，通过电话、邮件等沟通方式建立信任。

然而，实际业务中，与客户建立高度信任的长期合作关系并不容易，具体可以参考以下策略。

展现专业知识和经验：无论是怎样的客户，都更愿意与了解他们需求的销售人员打交道。因此，外贸业务员在销售过程中需要展现自己的专业知识和经验，向客户证明你对行业的了解和对客户问题的洞察力，通过向客户提供有价值的建议和解决方案，让客户感受到公司和业务员的专业能力，从而建立初步信任。

树立良好的品牌形象：外贸公司平时注意树立公司的良好品牌形象，通过社交媒体分享真实故事，展示产品优势，从而赢得客户的信任。

提供免费试用或者演示：公司可以允许客户在正式下单前试用产品或者演示产品视频给客户观看，增加客户对产品的了解，从而让客户看到公司的诚意，获取客户的信任。

输出高价值内容：外贸业务员可以通过向客户输出高价值产品内容，打造个人 IP，增强产品和个人的影响力，让客户信任自己。

抓住客户痛点提供个性化服务：外贸业务员应尽可能了解不同客户的需求，提供个性化服务，通过自我坦诚和表达认可，与客户建立情感链接，管理和引导客户的预期，确保客户体验超过其预期。

提高安全标准：外贸公司应确保产品或服务的数据安全，符合甚至超过客户在数据隐私方面的需求，增强客户的安全感和信任感。

持续提供优惠券或折扣：可以根据老客户的合作程度，选择性地向一些老客户持续提供优惠券、折扣或者灵活的定价策略，表明公司非常关心他们的需求，而不仅仅在意客户的货款。

建立第三方背书：可以利用社交媒体和第三方评论网站来建立可信的第三方背书，增加客户的信任度。

及时提供解决方案：无论在哪个交易阶段，外贸业务员都要找到客户面临的问题并提供解决方案，解释为什么公司的产品或服务是最佳选择。通过提供比较指南和具体应用场景，让客户深刻了解到公司产品的独特优势，从而获取客户的信任，促进持续下单。

诚信经营并重视承诺：诚信经营是企业建立信任关系的基石，外贸公司也应遵守商业道德准则，以诚实守信的态度对待客户。当做出承诺时，必须严格按照承诺履行，不得推卸责任或变卦，让客户看到公司一直以来的诚意，对公司产生信任感，建立高信任度的长久合作关系。

展示一致性和可靠性：一致性和可靠性是建立信任的重要因素。外贸业务员在销售过程中始终保持言行一致，履行自己的承诺和保证；在与客户沟通时要准时回复、履行约定，就会让客户感受到业务员和公司的可靠性和专业性，从而建立起对公司、业务员甚至产品的信任和信心。

6.1.3 让老客户持续下单的策略

除了前面介绍的让老客户持续下单的方法，还有一些小策略可以运用，具体见表6-1。

表6-1 让老客户持续下单的策略

策　略	简　述
主动向客户推荐其他产品	外贸公司与客户之间完成首次订单后，外贸业务员可以主动推荐公司的其他产品，但前提是要了解客户的采购分工和需求，从而针对性地推荐相关产品，增加客户对公司的依赖和信任
保证产品质量	产品质量是维护客户关系的基础，确保产品质量过硬，满足客户的期望，避免因质量问题导致客户流失。在保证产品品质的前提下，通过节日问候和赠送礼物等方式维护客户关系
采取创意回访的方式	外贸业务员可以通过创意回访方式，如创意短信、邮件推送等，保持与客户的联系，提醒客户关注公司的最新产品信息，促进二次消费
改变产品包装	如果外贸公司经营的产品更新频率较低，可以通过改变产品包装来吸引老客户的注意力，激发他们的购买欲望
妥善处理客户的投诉	在面临客户的投诉和不满时应积极处理，表现出真诚的歉意和解决问题的决心。业务员应代表公司向客户表示理解他们的不满，并承诺会尽力解决问题，直到客户满意为止
提高客户忠诚度	外贸公司可通过提供积分、优惠和回馈计划等方式，激励客户再次购买。比如设立会员制度，让客户在购买过程中积累积分，积分可以兑换商品或者其他服务
请求客户反馈	在客户完成购买后，外贸业务员可以请求客户提供反馈，这样可以帮助业务员了解客户的真实需求和期望，以便公司改进产品或服务。对于提供反馈的客户，可以给予一些小的奖励或者优惠，以表达感谢，提高客户黏性，从而促使老客户持续下单
建立社区	外贸公司可以创建一个客户互动和分享的平台，如社交媒体群组、论坛或者线下活动，这样可以增强客户与品牌之间的联系，并使客户更愿意持续购买公司的产品或服务
重视客户负面评价并优化	客户的评价内容大多是他们的真实感受，外贸公司可以根据客户的负面评价改进自家产品，同时客户也能感受到公司的诚意而选择再次购买

续上表

策　略	简　述
利用现有好评	外贸公司收到买家好评时,在高兴之余还应好好利用这些好评,可以将好评内容公开展示,或者告知客户,吸引客户注意力,从而促使老客户下单
主动适应客户的购买周期	客户的采购也是存在周期的,外贸业务员需掌握客户的购买规律,定期发送一些优惠信息和新品消息,避免频繁打扰引起客户不满,反而丢失客户

总之,要让老客户持续购买,需要关注他们的需求,向客户提供卓越的产品或服务,建立并维护与客户之间的长期关系,且不断创新,以满足客户的变化需求。

6.2　深度合作从短期交易到长期伙伴

深度合作通常指企业之间为了达成共同目标,通过多层次、多维度的紧密协作实现共赢发展的一种合作方式。在深度合作中,合作双方或者多方会建立紧密的工作关系,通过定期沟通、信息共享、资源互通等方式,确保合作的顺利进行。这种合作不仅局限于表面的业务合作,更深入企业战略、文化和技术等多个层面的交流与合作,因此不是一种短期行为,而是一种长期行为。所以,外贸公司要想与客户有深度合作,就不能局限于一些短期利益,而需从长远发展考虑。

6.2.1　维护客户要懂得合理分配时间

维护客户时合理分配时间的关键策略包括设定明确目标、优先处理重要任务、制订合理的工作计划和有效利用时间管理工具等。

1. 设定明确目标

设定明确目标是时间管理的首要步骤。目标要具体、可衡量、可实现、相关性高且有时间限定,即 SMART 原则。

在商业、企业和员工管理中，SMART 原则可以帮助管理者和员工明确目标，使目标具有可达成性。比如，一个笼统的销售目标"提高销售业绩"，可以明确地表达为"在接下来的三个月内销售额提高 20%"。

如果是维护客户，那么明确目标可以参考下列内容：

①间隔多久与客户沟通一次。

②哪些时间段可以开展客户维护工作。

③联系客户多少次以后，客户没有任何反馈，就可以放弃维护。

④哪些客户的维护工作需要花费较多的精力，哪些客户的维护工作没有那么重要。

⑤节假日时需要向哪些客户发送问候短信或者邮件等。

2. 优先处理重要任务

优先处理重要任务是提高工作效率的关键。外贸业务员可以采用时间管理四象限法则（也称艾森豪威尔矩阵）将任务分为重要且紧急、紧急不重要、不重要且不紧急和重要不紧急四类，如图 6-1 所示。

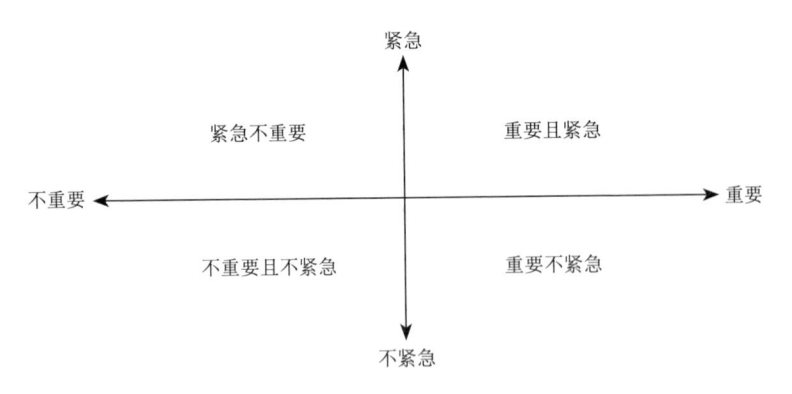

图 6-1　时间管理四象限法则

外贸业务员根据时间管理四象限法则，优先处理那些对目标有直接影响的任务。一般来说，"重要且紧急"象限的任务是优先处理类；"重要不紧急"象限的任务是第二优先处理类；"紧急不重要"象限的任务是第三优先处理类；"不紧急且不重要"象限的任务是最后处理类。

通俗来讲，第一优先处理类的任务是一些需要外贸业务员或公司主动行动的任务；第二优先处理类的任务是一些需要制订计划、任务分解等系统性推进的任务；第三优先处理类的任务是一些能不做就不做或者可以与其他人员分担完成的任务；第四优先处理类的任务是一些完全不需要着急且不做也不会对业务结果有影响的任务，具体举例如图6-2所示。

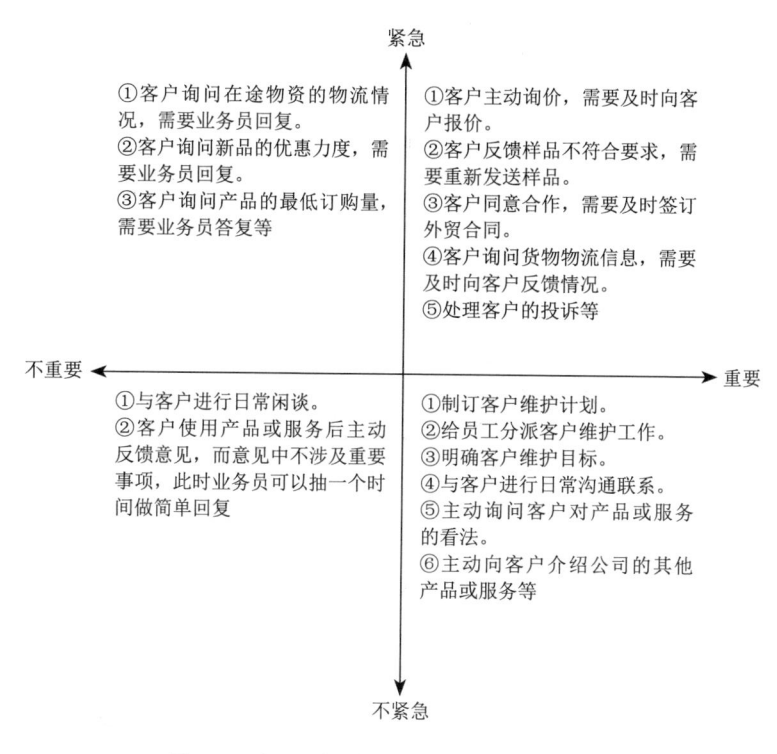

```
                                  紧急
                                   ↑
①客户询问在途物资的物流情况，        ①客户主动询价，需要及时向客
  需要业务员回复。                    户报价。
②客户询问新品的优惠力度，需        ②客户反馈样品不符合要求，需
  要业务员回复。                      要重新发送样品。
③客户询问产品的最低订购量，        ③客户同意合作，需要及时签订
  需要业务员答复等                    外贸合同。
                                  ④客户询问货物物流信息，需要
                                    及时向客户反馈情况。
                                  ⑤处理客户的投诉等
不重要 ←─────────────────────────────────────────→ 重要
        ①与客户进行日常闲谈。      ①制订客户维护计划。
        ②客户使用产品或服务后主动  ②给员工分派客户维护工作。
          反馈意见，而意见中不涉及  ③明确客户维护目标。
          重要事项，此时业务员可以  ④与客户进行日常沟通联系。
          抽一个时间做简单回复      ⑤主动询问客户对产品或服务
                                    的看法。
                                  ⑥主动向公司介绍公司的其他
                                    产品或服务等
                                   ↓
                                  不紧急
```

图 6-2　运用时间管理四象限法则维护客户

3. 制订合理的工作计划

在维护客户这件事情上，要做到合理分配时间，还应制订合理的工作计划，比如了解客户需求和行为、确定客户维护目标和指标、制定客户维护策略和方案、分配客户维护资源、实施客户维护计划。

首先，通过市场调研和数据分析，了解客户的需求和行为。

其次，根据客户需求和行为，确定客户维护的目标和指标，比如客户

满意度、客户回购率、客户增长率等。

再次，根据客户维护目标和指标，制定相应的客户维护策略和方案，包括客户服务流程、客户服务标准和客户服务渠道等。

然后，根据客户维护策略和方案，分配相应的客户维护资源，包括人力、物力和财力等。

最后，按照客户维护策略和方案，实施客户维护计划，并定期进行评估和调整，确保客户维护工作的有效性和效率。

4. 有效利用时间管理工具

时间管理工具有很多，最简单的就是公司自己设计制作的日程表等表单。通过制定日程表，记录每天的工作任务和时间安排，避免遗漏重要事项。

表 6-2 是比较常见的工作日程表模板。

表 6-2 工作日程表模板

工作日程表							
日期	1	2	3	4	5	6	7
重要事务							
日常事务							
日期	8	9	10	11	12	13	14
重要事务							
日常事务							
日期	15	16	17	18	19	20	21
重要事务							
日常事务							
日期	22	23	24	25	26	27	28
重要事务							
日常事务							

除此以外，还有一些时间管理工具可供选择使用。比如滴答清单，是

一款适用于时间管理的工具，支持多种平台，如 Windows、iOS、Android 和网页，具有云同步功能，确保用户在不同设备上都能无缝使用，除了基础的收件匣和日历功能，还提供智能清单、全能提醒、日历视图、清晰分类、轻松记录、共享协作和微信公众号等功能，满足用户多样化需求。图 6-3 是滴答清单的首页详情，外贸业务员可根据需要选择使用。

图 6-3　滴答清单首页

番茄 ToDo 是一款流行的时间管理应用，主打番茄钟功能，通过将时间划分为 25 分钟的"番茄钟"来提高工作效率。在番茄工作法中，每个"番茄钟"内只专注于一件任务，如果被打扰，则重新开始，每个"番茄钟"结束后，有五分钟的休息时间，然后开始下一个"番茄钟"。

除此以外，番茄 ToDo 应用还提供了丰富的统计数据和目标设定功能，帮助用户更好地管理时间，适用于外贸业务员确定接下来要完成的任务。图 6-4 是番茄 ToDo 应用的官网首页。

图 6-4　番茄 ToDo 的官网首页

6.2.2　用优质服务来实现订单裂变

什么是订单裂变？它是指通过一系列策略和机制，促使客户通过分享、推荐等方式带动更多订单的产生，从而实现订单量的快速增长。

外贸公司向客户提供优质服务，是可以促使客户向其合作方或者亲朋好友分享、推荐公司的产品和服务的，从而树立良好的口碑，实现订单量的增长。

那么，有哪些服务可以促进订单裂变呢？

佣金比例设计：设计合理的佣金比例是裂变营销的关键。主流佣金比例大多在 30%～50%，单价越高，佣金比例越低。一般来说，当客户邀请 2～3 个客户，公司就能回本。这种机制能够激发更多客户的分享欲望，客户得到佣金，外贸公司得到更多客户和订单，两全其美。

实施阶梯价格：外贸公司通过阶梯式涨价的方式，利用客户的损失规避心理，促使客户尽快下单。

消费赠送积分：外贸公司可以向客户推荐消费赠送积分服务，这些积分可以通过卖出回购的方式进入盈利池，促使客户多次下单，从而保证积分价值的增长。

适时提供优惠券：外贸公司可以在客户完成一笔订单后，引导客户分享链接，所有点击链接的人都能获取随机金额的优惠券。这种方式可以有效利用客户的社交网络，促进新客户的开发。

合理的客户回馈计划：外贸公司可以提供回馈奖励，客户购买产品后获得卡券或者礼品卡，可以将其赠送给其他人，其他人通过正规平台兑换产品或服务，从而成为公司的新客户。这种方式具有很强的社交属性，转化率比较高。

拼团服务：客户发起拼团，邀请好友公司一起购买产品以获取低价。这种方式可以有效促进客户之间的互动和分享，快速增加外贸公司的销量。

团购服务：外贸公司也可以通过预售、抽奖或者发起人免单等方式，组织团购活动，吸引客户抱团购买，以获取更优惠的价格。这种方式不仅能促进高分享率，还能实现较高的订单转化率。

优质的售后服务：很多客户不确定是否与外贸公司合作，都害怕售后服务不过关，购买了产品以后，出口公司就放任不管了，导致后续出现问题无从申诉、无法解决。所以，外贸公司要想得到客户的认可并促使他们帮忙宣传和分享，就一定要做好售后服务，包括派专业人员上门安装有关产品；对需要测试的机器设备进行专业测试；定期派专业人员检查维修有关产品等。

6.2.3 做好售后服务解决客户后顾之忧

售后服务是商品出售以后由出售公司提供的各种服务活动，售后服务本身也是一种营销手段。在追踪跟进阶段，外贸业务员要采取各种形式的配合步骤，通过售后服务提高企业的信誉，扩大产品的市场占有率，提高销售工作的效率和收益。

1. 售后初期

有些产品售出后，需要外贸公司派人员到客户公司现场进行安装服务，这看似简单的工作，却有其重要性。可以派人员随货同行，确认联系人和联系方式，要提前与客户联系，商量如何接货，做好安排，以确保客户在此期间做好相关安排。

货到客户手里后，应客户要求完成安装工作。安装过程中可以让客户参与其中，使客户懂得如何安装，以便日后产品出现问题，客户能在第一时间自行检查和维修。

2. 售后中期

安装结束后，要对仪器和设备进行调试，做到仪器正常工作，设备安装正确。如果调试仪器后发现参数不稳，应及时检查并解决问题，排除隐患。

客户使用前，派出的相关人员必须尽可能地与客户交流，讲解一些使用过程中可能遇到的问题，以及遇到问题怎样处理。

在确保客户对产品有足够的认识后，让客户签字验单。适当的时候给客户打电话，询问产品使用情况，对出现的问题给予及时解释和回复。注意，外贸业务员对自己不能决定的事务，应和领导商量，以寻求更好解决问题的方案。

3. 售后后期

售后服务的核心是在商品出现质量问题或者故障时能及时提供保修和维修服务。一个好的售后服务体系应设立明确的保修政策，规定质量问题的标准和维修范围，以便客户在需要时进行索赔和维修。

另外，针对不满足客户需求或者存在质量问题的产品，售后服务应提供灵活的退换货政策。通过遵循合理的退换货流程，客户可以方便快捷地办理退换货手续，无须烦琐的程序和额外的费用。一旦客户遇到问题，售后服务团队就会积极解决，并给予客户全面支持，让客户感受到购买产品的安全保障和售后服务的专业性。

4. 追踪反馈

好的售后服务不仅解决问题，更应该关注服务的质量和客户的满意度。售后服务团队应积极与客户互动，追踪售后服务的效果和客户反馈，及时收集和整理客户意见与建议。通过建立客户满意度调查和反馈机制，可以及时发现问题，并改进服务的不足之处，为客户提供更优质的售后支持。

外贸公司拥有完善的售后服务体系是非常重要的。售后服务不仅可以让客户在购买产品后享受到便利和保障，还能为公司树立良好的品牌形象，提升公司的竞争力和市场份额。通过提供售前咨询与指导、售后保修与维修、退换货政策以及追踪与反馈等一系列贴心服务，能让客户无论是在购买还是使用产品的过程中都无后顾之忧。

企业重视并不断优化自己的售后服务体系，为客户创造更好的购物体验，赢得客户的口碑和信任，才能在激烈的市场竞争中立于不败之地。

下面来看某公司制定的售后服务保证措施及方案。

实用范例 售后服务保证措施及方案

公司设立项目售后服务方案，提供专业完善的售后服务管理，力求使客户满意，树立良好的形象，推动公司经营业绩，以促进公司的经济效益。

一、项目售后服务资料承诺

公司贯彻履行：诚信正直、成就客户、追求卓越的宗旨，对于已经安装完成、验收合格的产品进行质量跟踪服务，本着锦上添花的精神，向客户贡献一流的技术和一流的维护服务。

公司如果承接了××项目，将严格遵循标书及合同的规定，在保证期内向客户履行职责和义务。在保修期之后，考虑到设备维护的连续性，推荐客户与公司签订维护合同，以确保此系统项目的正常运行所必需的技术支持和管理支持。

二、售后服务期

在产品验收合格之日起，即进入售后服务期。售后服务期＝质量保证期＋质量维护期。

质量保证期：在质量保证期内，如因质量问题发生故障，实行免费更换设备、元器件及材料。如因非质量因素形成的故障，收取更换设备、元器件及材料成本费。

质量维护期：在质量保证期以后，即自行进入质量维护期。公司对所承担××项目提供终身质量维护服务，以不高于本合同设备单价的优惠价格提供所需更换的元器件及材料，另收取维护人员工本费。

三、服务与保证期

在设备验收合格之日起，开始进行售后服务工作，包括以下方面：

1. 维护人员。

2. 售后服务期。

3. 服务响应时间。

4. 售后服务项目。

四、具体措施承诺

1. 首先在签订合同时与客户签订售后服务保证协议书，排除客户的后顾之忧，对客户做出实事求是的、客观的承诺。

2. 对已经验收合格交付客户的××设备，在合同期内与客户联系，记录客户的使用情况、系统运行状况等，进行质量跟踪、查询、拜访，变被动服务为主动服务。

3. 对已交付的××设备建立系统运行档案，并进行质量跟踪。

4. 系统运行档案记录其××设备运行状况、使用情况、操作人员操作水平状况以及人员流动状况。

5. 针对各客户单位操作人员出现的代表性问题，定期对操作人员进行技术培训或到现场培训并指导。

6. 正在利用中的系统、设备出现故障时，公司维修服务人员接到报告后应及时派员赶赴现场处理、维修。

7. 对于运行时间较长的××设备，公司维修服务人员定期与客户联系，询问状况，定期到客户方巡视、检查，并做好记录，记录归档保存。

8. 保修期内设备损坏，经鉴定为设备本身原因造成的故障，我方负责免费维修或更换；同时负责在保修期内定期对设备提供保养维护服务。

五、保修服务资料及范围

公司将为所承担的××设备项目提供保修服务，有效期从设备验收后，客户在验收报告上签字之日起。

1. 响应时间：具体的响应时间将按照故障级别划分。

2. 维修地点：客户现场。

3. 下列状况发生的系统损害不包括在保修服务范围内：

①使用不适当的工具进行系统维护时造成的系统设备损坏。

②现场环境不符合我公司推荐的规范。

③意外、自然灾害、疏忽、罢工、雷击或电力故障、搬运不当的损坏，经由非我公司人员或其授权的子承包商对系统进行修改和变动。

六、维护及服务支持措施

1. 现场排除故障或技术指导

我方在接到客户的电话支持服务请求后，如果不能通过电话支持服务解决设备或产品发生的技术故障，且经双方商议确认需要进行现场支持的状况下，我方将派专业项目技术人员及时前往现场协助客户排除故障。

2. 电话支持服务

电话服务热线号码以我方提供给客户的号码为准（包括电话和传真号码）。如有更改，我方将在更改之日起三天内以电子邮件、传真、电话等方式通知客户。

3. 投诉受理服务

公司设有用户投诉受理中心。

4. 电话咨询服务

对客户在使用设备或产品过程中产生的非故障类问题，我方提供电话咨询服务。

6.2.4 如何从一次交易转为长期合作

从一次交易转为长期合作的关键在于建立信任和为客户提供持续的价值增长。把一次交易转变为长期合作也是很多外贸业务员和企业追求的目标，因为这不仅能为企业带来稳定的收入和利润，还能建立起长期合作关系，共同实现更大的商业价值。

那么，如何才能将一次交易转为长期合作呢？具体措施见表 6-3。

表 6-3 将一次交易转为长期合作的措施

措 施	简 述
了解客户的需求和痛点	只有深入了解客户的实际需求和痛点，才能提供符合客户期望的产品或服务
建立信任	外贸公司需要通过高质量的产品和服务赢得客户的信任
持续提供价值	除了初次交易，外贸公司还需要持续提供有价值的服务和产品，满足客户不断变化的需求。比如，在客户关系管理中，企业可以通过定期回访和精准营销，了解客户需求的变化，从而提供相应的解决方案
利用技术手段提升客户体验	在数字化时代，利用技术手段提升客户体验是关键。比如，通过大数据和人工智能技术，可以更好地理解客户需求，提供个性化服务
制订长期的合作计划	外贸公司可以与客户共同制订合作计划，明确双方的目标和期望，从而实现共同的商业价值

实际上，从一次交易转为长期合作，就是要提高客户的复购率。前文提及的方法和策略都能提高客户复购率，这里不再赘述。

6.3　看资深外贸人如何做客户管理

客户管理也可以理解为客户关系管理，是指企业为了提高核心竞争力，利用信息技术和互联网技术来协调与客户在销售、营销和服务上的交互，并向客户提供创新的个性化服务。

客户管理的最终目标是吸引新客户、保留现有客户，并将其转化为忠实客户，以扩大市场份额。

6.3.1 签单积极做好沟通跟进

当外贸业务员找到一个好的意向客户后，下一步就是跟进客户。但是难点来了，究竟该怎么跟进客户才妥当呢？很显然，要与客户保持沟通联系。

联系客户的方法有很多，比如电话沟通、社交软件跟进，或者实地拜访。这三种方式通常会结合使用，但从效果来看，面对面沟通优于电话沟通，而电话沟通又优于社交软件沟通。

很多外贸业务员对销售的理解只停留在单纯的签单上，但任何业务员都不能保证与客户沟通一次后就能签单，反之，大部分订单需要经过两三次甚至四五次的沟通拜访才能顺利签单收款。所以，积极签单需要外贸业务员持续不断地做好沟通跟进工作。

外贸业务员推进订单的有效方法就是让客户在你或者公司身上付出更多成本，客户在你或公司身上付出得越多，签单的可能性也就越大。比如，客户把你推荐给了他们公司的老板，为你安排了会议进行交流，客户试用了公司的产品，让你为他们公司做了调研访谈等。

下面来看一个例子。

实用范例 沟通跟进积极签单

某外贸业务员与一家头部的科技公司成交，这是一个顶尖的大客户，业务员成功的关键策略是让客户在与他的互动中投入较多的成本。

一开始，客户公司的 HR 经理找到该业务员进行咨询，做了一些简单沟通后，业务员开始推进这个订单，要求与客户公司的 HR 总监或者老板做进一步沟通。后来，在 HR 经理的推荐下，该业务员与 HR 总监进行了线上电话会议，双方沟通比较愉快。

随后，业务员进一步要求与客户公司的老板进行线上电话会议。在 HR 总监的推动下，业务员与公司的老板进行了一次电话会议，会议中展示了业务员所在公司的优势，也了解了老板的想法。重要的是，业务员和自己的团队将订单又推进了一步。

最后，为了推进订单，业务员的团队约到了与客户老板见面的机会，业务团队去了一趟客户公司，经过这一轮沟通，最终与客户顺利达成合作。

在这个案例中，外贸业务员与客户公司的三个关键角色做了四次沟通，这些角色都很认可外贸公司和业务团队的能力，并且客户在与公司的互动中投入了很多时间成本，在这样的情况下，除非客户不做采购，否则大概率会选择该公司，而非其竞争对手。

由此可见，跟进客户的目标是推进订单进度，推进订单进度不是外贸业务员一个人忙得不行，而是让客户也忙起来，客户参与越多，行动越多，投入的成本就越多，订单成交的概率就越大。

6.3.2 客户关系管理和危机公关应对

客户关系管理离不开客户类型细分，根据细分客户可以制定差异化跟进维护策略。具体细分类型见表6-4。

表6-4 巧妙处理客户订单问题的方法

划分依据	类　型	特点及维护策略
客户规模	大型企业客户	特点：具有较高的采购量和稳定的采购需求，对产品质量和服务要求较高，决策流程较复杂，付款周期较长。 策略：提供定制化的产品和服务，建立长期合作关系，注重品牌建设和信誉维护
	中型企业客户	特点：采购量适中，对价格敏感度较高，决策流程相对灵活，付款周期较短。 策略：提供性价比高的产品和服务，注重成本控制和快速响应客户需求
	小型企业客户	特点：采购量较小，决策速度快，对价格和服务的灵活性要求较高。 策略：提供标准化的产品和服务，注重快速交付和灵活的付款方式
客户行业	制造业客户	特点：对产品的质量和性能要求高，采购周期较长，注重供应商的生产能力和服务支持。 策略：提供高质量的产品和技术支持，建立长期合作关系，注重供应链的稳定性和可靠性
	零售业客户	特点：对产品的外观设计和市场吸引力要求高，采购周期较短，注重产品的多样性和价格竞争力

续上表

划分依据	类型	特点及维护策略
客户行业	零售业客户	策略：提供多样化的产品选择，注重产品的外观设计和市场推广，提供灵活的采购方式和快速交货服务
	服务业客户	特点：对服务的及时性和响应速度要求高，采购周期较短，注重供应商的服务能力和信誉。 策略：提供高效的服务支持，注重客户体验和满意度，建立良好的沟通机制
客户价值	高价客户	特点：采购量大，对产品质量和服务要求高，忠诚度高，对价格敏感度低。 策略：提供高质量的产品和服务，建立长期合作关系，注重客户满意度和忠诚度
	中价值客户	特点：采购量适中，对价格和服务的性价比要求高，忠诚度适中。 策略：提供性价比高的产品和服务，注重成本控制和快速响应客户需求
	低价值客户	特点：采购量小，对价格敏感度高，忠诚度低，决策速度快。 策略：提供标准化的产品和服务，注重快速交付和灵活的付款方式

危机公关是指组织在面临突发事件或危机时，采取一系列措施来应对、化解危机，以维护和重塑组织形象的过程。危机公关的主要目的是通过有效的危机管理，减少危机对组织形象的负面影响，提升公众对组织的信任和好感。

外贸业务中，危机公关的应对技巧包括但不限于以下内容：

及时回应：当危机事件发生时，外贸企业应立即通过网站、社交媒体等渠道发布声明，向公众透露真实情况，避免掩盖或隐瞒问题。积极回应公众的质疑，争取舆论的主动。

承认错误：在处理危机事件时，外贸企业应勇于承认错误，表达歉意，并尽快采取措施解决问题。要以客户为中心，尽快恢复受影响客户的信任和满意度。

迅速处置：危机事件发生后，外贸企业应立即启动应急预案，制定明确的处理流程和方案，明确责任人，确保危机处理有序、高效。

保持透明：在危机公关处理中，外贸企业应保持透明度，及时更新危机事件的进展和处理过程，提供详细信息。

有效沟通：与公众、客户、员工等相关方保持良好的沟通是危机公关处理的关键。外贸企业应及时回应公众关切的问题，听取各方建议和意见，增加互动交流，建立信任和共识。

学习总结：危机公关处理不仅是应对危机事件，更是一次宝贵的经验积累和教训总结。外贸企业应认真分析危机原因、处理过程和效果，不断完善危机应对机制。

危机公关在客户关系管理中的应用主要涉及三个方面，如图6-5所示。

预防危机
危机公关的首要任务是预防危机。通过建立完善的预警机制和风险评估体系，及时发现并解决潜在危机，从而降低危机对客户关系的影响

快速响应
在危机发生时，危机公关需要迅速响应，采取有效的措施控制局势，减轻客户的不安和疑虑，维护企业形象和客户关系

恢复客户关系
危机事件过后，危机公关还需负责恢复受损的客户关系，通过真诚的沟通、补偿和改进措施，重建客户的信任和忠诚度

图6-5　危机公关在客户关系管理中的应用

不仅如此，客户关系管理在危机公关中也会起到一定作用，主要表现为图6-6中的三点。

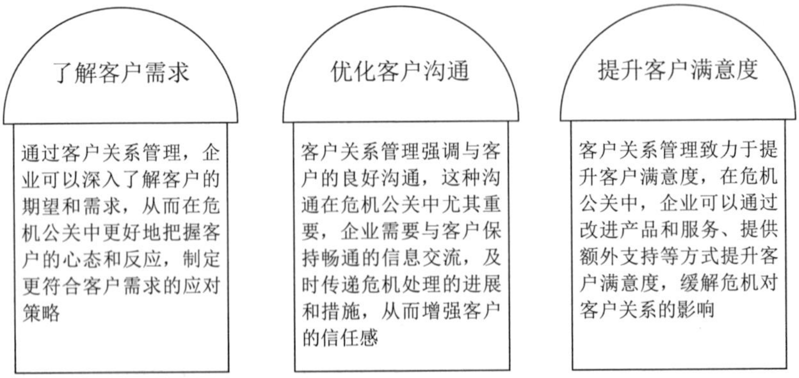

了解客户需求
通过客户关系管理，企业可以深入了解客户的期望和需求，从而在危机公关中更好地把握客户的心态和反应，制定更符合客户需求的应对策略

优化客户沟通
客户关系管理强调与客户的良好沟通，这种沟通在危机公关中尤其重要，企业需要与客户保持畅通的信息交流，及时传递危机处理的进展和措施，从而增强客户的信任感

提升客户满意度
客户关系管理致力于提升客户满意度，在危机公关中，企业可以通过改进产品和服务、提供额外支持等方式提升客户满意度，缓解危机对客户关系的影响

图6-6　客户关系管理在危机公关中起到的作用

外贸公司的客户关系管理与危机公关之间的协同效应主要表现在图 6-7 中的三个方面。

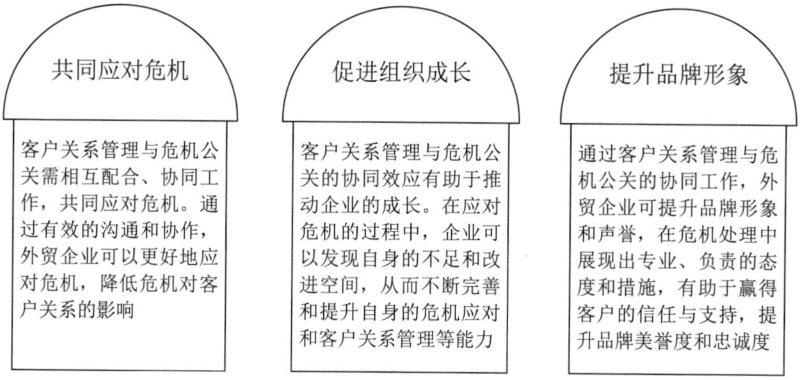

共同应对危机	促进组织成长	提升品牌形象
客户关系管理与危机公关需相互配合、协同工作，共同应对危机。通过有效的沟通和协作，外贸企业可以更好地应对危机，降低危机对客户关系的影响	客户关系管理与危机公关的协同效应有助于推动企业的成长。在应对危机的过程中，企业可以发现自身的不足和改进空间，从而不断完善和提升自身的危机应对和客户关系管理等能力	通过客户关系管理与危机公关的协同工作，外贸企业可提升品牌形象和声誉，在危机处理中展现出专业、负责的态度和措施，有助于赢得客户的信任与支持，提升品牌美誉度和忠诚度

图 6-7　客户关系管理与危机公关之间的协同效应

下面通过一些小案例，了解如何在客户关系管理中应对和处理危机。

实用范例　及时响应、积极解决问题、承担责任、提供技术保障

案例1：及时响应、透明沟通、积极解决

某外贸公司面临客户投诉时，迅速成立专项小组，主动与客户联系，了解投诉的具体情况，及时采取措施解决问题。同时，通过官方渠道定期发布处理进展，保持信息的透明度，最终成功化解了危机，并提升了客户满意度。

案例2：承担责任、真诚道歉、全面整改

某知名外贸企业遭遇食品安全危机，企业高层迅速发表声明，承认错误，向公众和客户致以诚挚的歉意。同时，全面排查企业食品安全管理体系，加强员工培训，确保食品安全。通过积极的整改措施，企业成功恢复了客户和消费者信心，保住了品牌形象。

案例3：快速响应、透明沟通、技术保障

某外贸公司发生客户数据泄露事件后，立即启动应急预案，组织技术团队进行调查和处置。同时，通过官方渠道向客户和公众发布详细通报，解释事件经过和采取的措施。为了确保客户数据安全，公司还采取了多项

技术措施加强数据保护。最终，该公司成功化解了数据泄露危机，恢复了客户的信任。

在实际的外贸业务中，良好的客户关系管理能够为企业提供客户反馈和需求信息，有助于企业及时发现和解决潜在危机，降低危机发生的风险。同时，危机公关在处理企业危机事件中起到关键作用，有效的危机公关能维护企业形象，减少客户流失，并帮助企业重新获得客户的信任。

由此可见，客户关系管理与危机公关相互依存，共同促进企业的发展。外贸企业需要在这两个领域进行有效整合，以实现更好的客户关系管理和危机应对。

6.3.3 正确处理客户的抱怨和索赔

外贸公司正确处理客户的抱怨和索赔，不仅需要遵循常规步骤，还应掌握处理客户抱怨和索赔的原则及技巧。

1. 处理客户抱怨和索赔的步骤

客户的抱怨很可能涉及交易的方方面面，相关负责人需要及时响应客户的抱怨，常规处理流程如图6-8所示。

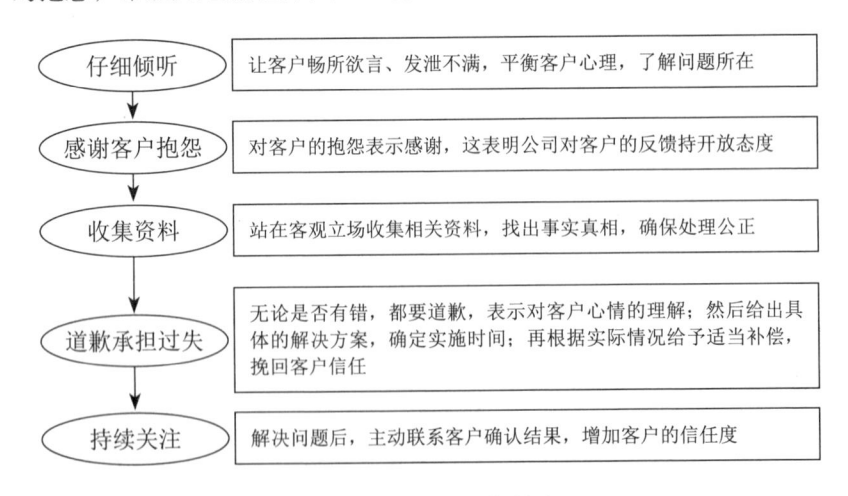

仔细倾听	让客户畅所欲言、发泄不满，平衡客户心理，了解问题所在
感谢客户抱怨	对客户的抱怨表示感谢，这表明公司对客户的反馈持开放态度
收集资料	站在客观立场收集相关资料，找出事实真相，确保处理公正
道歉承担过失	无论是否有错，都要道歉，表示对客户心情的理解；然后给出具体的解决方案，确定实施时间；再根据实际情况给予适当补偿，挽回客户信任
持续关注	解决问题后，主动联系客户确认结果，增加客户的信任度

图6-8 处理客户抱怨的步骤

需要注意的是，在处理客户的抱怨时，一定要通过有效的沟通了解客户的真实想法和需求，并对此表示理解，帮助客户宣泄情绪、解决问题。另外，处理时不要拖延，否则容易引发新的问题。

如果涉及向客户理赔，也应遵循常规流程，如图6-9所示。

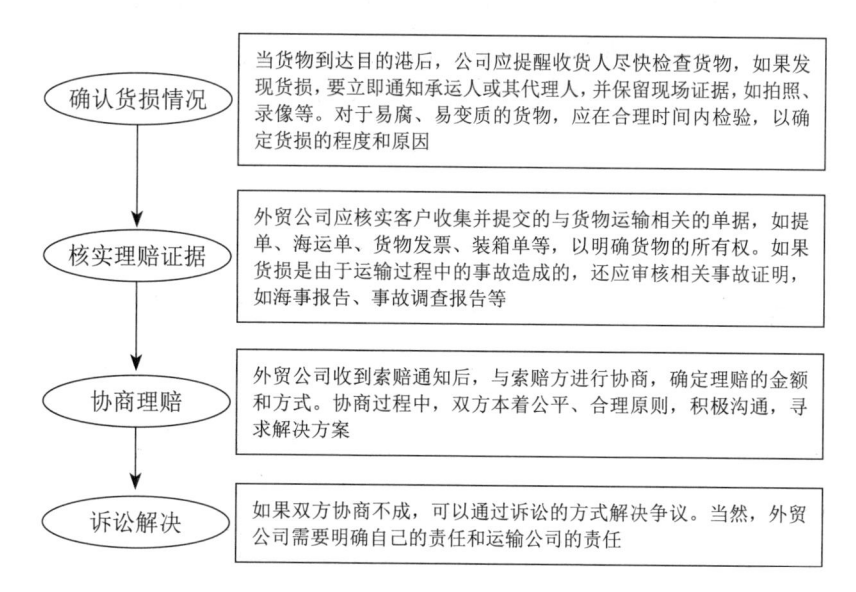

确认货损情况：当货物到达目的港后，公司应提醒收货人尽快检查货物，如果发现货损，要立即通知承运人或其代理人，并保留现场证据，如拍照、录像等。对于易腐、易变质的货物，应在合理时间内检验，以确定货损的程度和原因

核实理赔证据：外贸公司应核实客户收集并提交的与货物运输相关的单据，如提单、海运单、货物发票、装箱单等，以明确货物的所有权。如果货损是由于运输过程中的事故造成的，还应审核相关事故证明，如海事报告、事故调查报告等

协商理赔：外贸公司收到索赔通知后，与索赔方进行协商，确定理赔的金额和方式。协商过程中，双方本着公平、合理原则，积极沟通，寻求解决方案

诉讼解决：如果双方协商不成，可以通过诉讼的方式解决争议。当然，外贸公司需要明确自己的责任和运输公司的责任

图6-9　向客户理赔的流程

外贸企业向客户理赔时需要注意以下事项：

熟悉保险条款：在购买保险时，被保险人应该认真阅读保险条款，了解保险责任范围、理赔流程等信息，以便在发生事故时能够正确判断是否属于保险责任范围。

保留相关证据：被保险人应保留与事故相关的所有证据，如货物的价值证明、运输单据、合同等，以便在理赔时有所依据。

及时报案：被保险人应在发生事故后及时向保险公司报案，以免错过索赔期限。

避免与客户直接和解：在发生事故后，被保险人应该先联系保险公司，并避免与客户直接和解，以免影响索赔结果。

寻求意见：如果被保险人对索赔或者理赔流程不熟悉，可以寻求意见，如请律师或者专业人士协助处理索赔和理赔事宜。

2. 处理客户抱怨和索赔的原则及技巧

无论是处理客户的抱怨，还是客户提出的索赔，都要遵循以下原则：

原则一：不要人为给客户下判断。

原则二：换位思考，站在客户的立场看问题。

原则三：坚持"让公司赚钱，不赚不赔，少赔为赚"的利益原则。

在处理客户的抱怨和索赔时，可以使用的技巧包括但不限于以下内容：

①保持同理心，弄清楚客户抱怨和索赔的点在哪里。

②不吝道歉，有错为事情道歉，无错为心情道歉。

③保持冷静并控制情绪，不要被客户节奏带偏。

④转换视角，寻求共识。

⑤提供补偿。

⑥超预期处理，向客户提供额外赔偿。

⑦理解保单条款，确保完全明白自己的权利和义务。

⑧寻求专业协助，争取更公平的理赔。

6.3.4 巧妙处理外贸客户遇到的订单问题

外贸公司与客户签单成交后，客户可能遇到的订单问题包括但不限于以下内容：

货物质量问题：客户对收到的货物质量不满意。这可能是因为生产过程中的问题或原材料质量问题。

售后服务问题：客户在使用产品的过程中可能遇到问题，需要售后服务支持，包括维修、退换货、补偿等服务。

客户对产品功能不满意：客户认为产品不符合其需求。

物流问题：货物在运输过程中可能出现延误或损坏。

对外贸人员来说，巧妙处理客户遇到的订单问题是非常重要的，具体方法见表 6-5。

表 6-5　巧妙处理客户订单问题的方法

方　法	说　明
掌握主动权	外贸业务员必须积极主动与客户沟通遇到的订单问题，不能被动接受客户的抱怨和投诉。掌握主动权才能及时采取应对措施，避免经济纠纷
把控节奏	在处理客户遇到的订单问题时，不能过于急躁，也不能过于懒散。太急躁容易掉进对方的陷阱，太懒散会失去客户的信任和好感
洞察客户痛点	明确客户遇到订单问题的痛点，精准解决客户问题
适当"让利"	通过限时优惠、限量供应、给予特殊优惠等方式，让客户在心理上产生信任感和认同感，以便更好地解决订单问题
折中解决	外贸业务员在处理客户订单问题时，还应该保护好己方公司的权益，应尽量寻求折中方案
提供替代方案	如果客户对产品不满意，外贸业务员可以通过提供替代方案来防止客户取消订单或者要求索赔
灵活的退换货政策	外贸公司一开始就制定灵活的退换货政策，以便出现订单问题时能及时解决，避免不必要的经济损失
加强质量管控	针对客户提出的货物质量问题，外贸业务员可以先安抚客户的情绪，然后按照公司规定进行赔偿，另外再向客户保证后期会加强质量管控，完善质量管理体系，确保产品质量稳定。当然，如果是因运输造成质量问题，外贸业务员也应维护公司的权益
设立专门的客户售后服务小组	通过设立专门的客户售后服务小组，让专业的人负责专业的事，能更有效地解决客户提出的问题

6.3.5　想方设法增强外贸客户的黏性

客户黏性是指客户对于品牌或者产品的忠诚、信任与良性体验等结合起来形成的依赖程度和再消费期望程度。依赖感越强，客户黏性越高；消费期望越高，客户黏性也越高。

客户黏性的来源主要包括以下三个方面：

业务人员和公司平台：平台决定了客观上普遍的客户体验和行业口碑，而业务人员则影响客户是否愿意为了从公司得到效益而放弃市场中更优的选择和更低的使用成本。

品牌、产品和服务：品牌、产品和服务如果不好，就算增加客户黏性的方法再好，都黏不住客户。

其他因素：被尊重、强调身份、常关注、真实、遵守规则等因素也会影响客户的黏性。

那么，如何做才能增加外贸客户的黏性呢？

提供优质的产品和服务：提供高质量、稳定的产品，确保客户对产品的满意度和信任度。提供耐心周到的服务，及时回复客户的问题和需求，提供专业的建议和解决方案，增强客户的依赖感和满意度。

利用包装进行二次营销：在物流包装中附带宣传单或宣传册，推荐相关产品或服务，鼓励客户再次购买。

主动推荐其他产品：根据客户的购买历史和需求，主动推荐其他相关产品，保持与客户的互动和联系，达到占用客户时间来锁客的效果。

提供增值服务：除了基本的产品和技术支持，提供定制化的解决方案和专业培训等服务，帮助客户提升业务能力和市场竞争力，达到社交或情感锁客的效果。

优化网站内容和用户体验：提高网站内容的质量，发布行业热点、案例分析等内容，吸引客户关注与参与；优化网站布局、加载速度、导航结构等，提升客户体验；定期更新内容、产品和服务，保持网站的新鲜度和活跃度。

增加互动和社交：通过用户评论、虚拟社区、在线客服等功能，增加客户的互动和分享，提高客户的黏性和忠诚度。

付费方式锁客：通过吸引目标客户付费，增加客户黏性。

会员制模式锁客：通过会员制模式增加客户的投入成本，从而锁定客户更长时间的合作。

6.3.6 客户货款拖欠应对策略

外贸业务中遇到客户拖欠货款的情况时有发生，外贸员需掌握一定的应对策略，保护公司利益。

1. 前期预防策略

前期预防策略应对外贸客户拖欠货款，主要体现在客户资信调查、优化合同条款和投保出口信用保险三个方面。

2. 拖欠发生后的应对策略

外贸客户拖欠货款发生后，外贸员可以依据三个阶段采取相应措施。

第一阶段：友好协商（逾期1~30天）。给客户发送正式催款函，注明合同条款、欠款金额及逾期后果，要求对方书面回复；同时，暂停后续合作，避免损失扩大；其间，可以提供灵活方案，如分期付款、延长账期（需签订补充协议）或实物抵债等。

第二阶段：第三方介入（逾期30~90天）。外贸公司委托专业催收机构向客户催收；或者通过中国驻外使领馆商务处协调，对客户施加外交压力；也可以利用国际商会（ICC）或行业协会进行调解。

第三阶段：法律诉讼（逾期90天以上）。在客户所在国起诉，委托当地律师负责。依据合同仲裁条款启动国际仲裁程序（如ICC仲裁），但要明白费用较高，裁决全球认可。如果客户资不抵债，可申请参与其破产财产分配。

3. 特殊情况的应对策略

如客户有还款能力但无还款意愿，外贸公司可以通过电话、邮件等委婉询问情况，表明自身困境，争取对方理解；发送律师函，明确法律后果，增加威慑力；委托第三方催收机构催收。

如客户还款能力欠缺但有还款意愿，外贸公司可以向客户提供分期付款方案，并签订还款协议，确保有明确的还款计划，同时密切关注客户动态，一旦客户有流动资金，立即联系对方确认还款事宜。

注意，外贸公司应保存所有与交易相关的文件和沟通记录，以备后续法律途径使用。催收客户拖欠货款时还应考虑成本问题，防止催收成本过高。

第7章

开发与谈判破局策略及风险管控

外贸公司在开发客户以及与客户进行谈判的过程中，总会出现一些僵局或者无法让双方向着合作更进一步的尴尬局面，业务员需要掌握一些破局策略来促进双方顺利成交。同时，业务员还应帮助外贸公司做好风险管控，避免公司陷入不必要的经济纠纷中。

7.1 从沟通入手破除客户开发与谈判僵局

外贸交易中,有一些僵局是由沟通不畅导致的,外贸人员需要在客户开发与谈判过程中学会破除此类僵局。

7.1.1 应对外贸沟通常见僵局

在实际的外贸交易中,会出现以下谈判僵局,那么,外贸员该如何破局呢?

僵局一:外贸企业在客户筛选和客户价值评估上花费精力不足,未能全面分析客户的期望值和满意度,导致资源分配不当。比如未能精准找到客户并满足客户的需求,导致时间浪费在无效客户身上。

应对:外贸人员在与客户沟通过程中,要分析客户的历史购买行为、规模、付款及时性等因素,建立客户画像,以便更好地满足客户需求和评估客户价值。

僵局二:与客户沟通不畅,导致误解和不满。

应对:外贸业务员需与客户保持良好沟通,及时解答客户的疑问,提供周到的服务,确保客户了解公司及产品。

僵局三:外贸市场竞争激烈,供应多需求少,国内外竞争加剧,外贸公司获客越来越难,沟通技巧发挥不了作用。

应对:加强外贸业务员的专业培训,提升市场分析能力,避免因业务员个人疏忽导致的客户流失。还可以利用搜索引擎和开发工具获取客户信息,精准定位决策人,提高客户开发效率。

僵局四:外贸公司缺乏大客户开发战略,未能提供满足大客户需求的资料和服务。但客户又想与公司合作,因为公司能提供更优惠的条件。

应对:外贸公司需要针对大客户制定专属战略,提供符合其需求的产品和服务,确保大客户满意度和忠诚度,让客户看到公司的实力和诚意,从而果断下单。

僵局五：谈单环节，客户要求100%信用证付款，而外贸公司要求客户先支付30%定金，双方无法妥协退让。

应对：采取折中方案，比如，在付款方式上可以接受20%定金，80%信用证。或者找到客户最关心的核心利益，如价格、质量或售后服务，并不断强化这些优势，以打动客户，让客户朝着本公司的要求妥协。

僵局六：外贸业务员因缺乏相关专业知识，如国际贸易法律、国际市场营销、物流运输等，导致决策错误和操作失误，与客户之间的沟通不顺畅，客户犹豫不定，质疑公司的能力。

应对：外贸公司需要建立一个专业的团队，或者寻求专业顾问的帮助，以确保外贸业务员在各个方面都有足够的专业支持，为顺利与客户沟通提供知识保障。

僵局七：外贸员对客户国家的风土人情不甚了解，导致开发客户时产生误解和冲突，业务员发出的邀请或问候得不到客户的回应。

应对：外贸业务员应尊重并重视客户国家与本国之间的文化差异，采取针对性策略适应和融入目标市场的文化。迎合客户的喜好，引起客户的好感，打破僵局。

僵局八：价格是国际商务谈判中最敏感、最容易导致僵局的因素。出口方希望卖出高价，而进口方希望低价购买。双方在价格上的分歧往往难以达成一致，尤其在大额交易中，双方都想通过谈判获得对自己有利的条款以规避风险。

应对：在谈判中保持灵活性，根据客户的反应调整策略，寻找双方都能接受的解决方案。要注意，外贸业务员在谈判过程中一定不要把自己的姿态放得太低，因为姿态过低也可能导致成交困难。

僵局九：外贸员在与客户谈判时，总因为说出一些比较绝对的承诺或者建议，导致己方没有退路，但又不想向客户妥协，双方无法达成一致意见。

应对：外贸业务员应学会实用的谈判技巧，要懂得说话"留一线"，不要太绝对，更不要轻易向客户做出尚未商议好的承诺。

实际的外贸客户开发和谈判过程中，因为沟通导致的僵局还有很多，需要业务员在工作中不断总结经验，积极应对。

7.1.2 积极规避外贸业务中的语言陷阱

外贸业务中的语言陷阱主要包括三大类，规避及防范措施如下：

1. 外贸术语混淆

外贸术语具有多样性和复杂性的特点，外贸新人常常会因为不熟悉外贸术语而掉入陷阱。比如，某个外贸新人误将 FOB 理解为"送到目的地"，而实际上 FOB 条件下货物交到船上时风险就从销售方转移给了购买方，此时客户实际上要求的是 CIF，导致运费增加。

面对这类语言陷阱，无论是外贸新人，还是老外贸业务员，都应加强自身对国际贸易术语的学习和理解，不断更新贸易术语知识，避免因术语混淆而导致误解和损失。

2. 付款方式选择不当

外贸业务中，付款方式的表达有时会涉及英文，比如 PayPal、L/C、T/T、D/P 等。不同的付款方式有不同的优缺点，如果外贸业务员不懂这些付款方式的表达，就很容易选错，从而导致损失。比如，选择使用 PayPal 收款会产生高额手续费，影响外贸公司的利润。

因此，外贸业务员不仅需要熟练掌握常见的外贸术语，还应学习外贸业务中常用的专业术语，无论是付款方式、产品描述，还是运输方式等，只要是业务中经常涉及的，相应的专业术语都要烂熟于心。这样才能保证根据业务需求和成本考虑，选择合适的付款方式，避免因为手续费或外汇汇率等问题影响利润。

3. 沟通方式不当

外贸业务员在与客户沟通时，不当的措辞和表达方式可能导致误解或冲突。比如，业务员直接要求客户付款才能供货，这样可能让客户感到被怀疑，从而引起客户的不满情绪。

所以，外贸业务员与客户沟通过程中，一定要注意措辞和表达方式的使用，避免直接威胁或者催促，也要避免使用讽刺或隐晦的言辞。可以选择通过数据和事实说服客户，营造良好的沟通氛围。

下面来看一个案例。

实用范例 毫无逻辑的表达方式错失客户

Michael 是刚入行的外贸新人，第一次与客户沟通时，忘记注明配件"导轨"的价格，他发现后马上向客户道歉，表示因为个人疏忽，没有把细节说清楚。在此期间，他在 WhatsApp 上多次跟进客户：

"My English may not be very good. I do not know whether it will affect you talking with me."

（我的英语不是很好。我不知道这会不会影响您和我的谈话。）

"I have sent the proforma invoice and order details to your Email."

（我已经将形式发票和订单明细发送到您的邮箱。）

"For security, please double confirm with us about the bank account details when you arrange the payment. Thank you."

（为安全起见，请在安排付款时与我们再次确认银行账户信息。谢谢您。）

"Do you check the PI and order details?"

（您检查 PI 和订单细节了吗？）

可以看到，在客户回复 Michael 之前，他继续发送信息，先是提到自己英语不好，然后又跳到付款环节，这样毫无逻辑的跟进，难免会给客户带来既不专业又逼得很紧的压迫感。于是，无论 Michael 如何跟进，客户都再也没有回复过。

遇到这种因沟通方式不对导致客户不回复消息的情况，外贸业务员应如何重新激活客户呢？答案是换个身份继续跟进：

"This is Ethan, Michael's sales manager. I will take care of your order. Sorry for the inconveniences caused so far. Any updated feedback? Please advise if you need any further classifications."

（我是伊森，迈克尔的销售经理。我来处理您的订单。抱歉给您带来了不便。有新的反馈吗？如需进一步分类，请告知。）

这一封邮件后，客户就回复了 Michael。因此，在跟进客户陷入僵局时，尤其是第一次打交道的客户，如果遇到报错价格，说错细节，发生不愉快的事情，可以换一个身份继续跟进试试。

实际工作中，外贸业务员难免因为对产品认识不深、缺乏经验，或者忙中出错遗漏部分信息，或者因为粗心报错价格，其实都是可以理解的。当 Michael 一开始出现疏忽时，其实可以第一时间和客户说：

"Sorry for the oversight."（抱歉疏忽了。）

然后马上进入正题，把修改后的 PI 发到客户的邮箱里：

"I forgot to add the guard rail to the PI. I have already resent the Email. Please refer to the new PI."（我忘了给 PI 加护栏了。我已经给您发过邮件了。请以新的 PI 为准。）

这是一两句话就能说清楚的事情，等客户确认后再继续跟进。

7.1.3 辨析易误解的外贸用语

外贸用语中有一些使用频繁的词汇或短语很容易被误译，因为商务英语中相同单词在不同情况下具有不同的含义。下面简单介绍一些常见的易误解外贸用语。

1. confirm

Please confirm to us that our counter sample is ASAP, so that production can proceed.

（请尽快确认我们的回样，以便生产。）

Payment to be made by 100% confirmed, irrevocable Letter of Credit available by sight draft.

（付款方式为 100% 保兑的、不可撤销的即期信用证）

由此可见，confirm 一词在这两句话中的意思不一样。在第一句话中，

confirm 的意思是"确认"；在第二句话中，confirm 的意思是"保兑"，而 confirmed L/C 翻译为"保兑信用证"，即指一家银行所开具的由另一家银行保证兑付的一种银行信用证。

信息拓展 关于 ASAP 的说明

> ASAP（as soon as possible），意为尽快。尽管它在商务交流中被广泛使用，但由于没有具体时间限制，容易造成误解。为了更明确地传达紧急性，可以使用具体的时间表达，如"Please submit the report by tomorrow afternoon"。

2. negotiable

Part time barman required. Hours and salary negotiable.

（招聘兼职酒保。工作时间和薪水面议。）

This Bill of Lading is issued in a negotiable form, so it will constitute title to the goods and the holder by endorsement of this B/L.

（本提单是可转让的，因此只要在提单上背书，就构成了货物和持票人的所有权。）

在第一句话中，negotiable 的意思是"可商议的"；在第二句话中，negotiable 的意思是"可转让的"，可转让提单经过背书后即可将所有权转让给其他人。

需要注意的是，negotiating bank 的意思是"议付银行"，即购买或者贴现汇票的银行。

3. discount

You may get a 5% discount if your order is on a regular basis.

（如果你们定期订货，你们可以得到 5% 的折扣。）

If a seller extends credit to a time draft, they have made a trade acceptance. The seller can request that the bank finance the transaction by buying the draft. The bank is said to discount the draft.

（如果卖方开出定期汇票的信用证，则表示卖方已作出贸易承兑。卖方可以要求银行通过购买汇票为交易融资。也就是说，银行对该汇票贴现。）

在第一句话中，discount 的意思是"折扣"；在第二句话中，discount 的意思是"贴现"。折扣是指商品在原价的基础上按照百分比降价；贴现是指未到期的票据向银行融资，银行扣取自买进日至到期日的利息，并收取一定的手续费后，将剩余的票面金额付给持票人。

4. endorse

Our products have been endorsed by the National Quality Inspection Association.

（我们的产品为全国质量检查协会的推荐产品。）

Draft must be accompanied by a full set of original on board marine Bill of Lading made out to order, endorsed in blank, marked freight prepaid.

（汇票必须附有全套印有货物收讫字样的正本海运提单，凭指示、空白背书，并写明运费已付。）

在第一句话中，endorse 的意思是"推荐"，使用过某种产品后感到满意，并通过媒体介绍给公众。在第二句话中，endorse 的意思是"空白背书"，是指背书人（endorser）只在票据背面签上自己的名字，而不注明特定的被背书人（endorsee）。

5. floating

It is not surprising, then, that the world saw a return to a floating exchange rate system. Central banks were no longer required to support their own currencies.

（在这种情况下，世界各国又恢复浮动汇率就不足为奇了。各国中央银行也就无须维持本币的汇价了。）

Floating policy is of great importance for export trade; it is, in fact, a convenient method of insuring goods where a number of similar export transactions are intended…

（统保单对出口贸易至关重要，它实际上是货物保险中的一种便利方法，特别适合分不同时间出口的一批类似货物……）

在第一句话中，floating 的意思是"浮动的"，floating exchange rate 翻译为"浮动汇率"，即可以自由浮动，完全受市场力量决定的汇率制度。在第二句话中，floating policy 的意思是"统保单"，是指用以承保多批次货运的一种持续性长期保险凭证。

6. average

If a particular cargo is partially damaged, the damage is called particular average.

（如果某批货是部分受损，则被称为单独海损。）

It's obvious that the products are below the average quality.

（很明显，这批产品的品质是中下水平。）

在第一句话中，average 的意思是"损失、损坏"，particular average 翻译为"单独海损"，是指在保险业中海上事故导致的部分损失。在第二句话中，average 的意思是"平均、中等"。

7. resign 和 re-sign

这两个词除了后者有一个连字符，拼写都一样，但两个词的意思截然不同。

resign 的意思是"辞职"，即 quit your job。

My boss didn't want to increase my salary, so I decided to resign. This will be my last week of work.

（我老板不想给我涨工资，所以我决定辞职了。这是我在这里的最后一周了。）

re-sign 的意思是"再次签署"。

I love my current job, so I re-signed for another year happily.

（我喜欢现在的工作，所以决定再续签一年。）

8. compliment 和 complement

这两个词语只有一个字母的差别，但是意思也完全不同。

compliment 的意思是"赞许"，作为名词和动词。

I complimented my sister on her delicious cooking (verb).

I gave my sister a compliment on her delicious cooking (noun).

（我姐姐做了一桌子好吃的菜，我称赞了她。）

这里第一句中 compliment 用作动词；第二句中 compliment 用作名词。

complement 的意思是"搭配、组合、补充"，作为名词和动词，通常用在食物中或者时尚界，用来表示营养成分互补，或者某种风格很搭。

When two things go well together, or complete each other.

（两样东西搭配在一起，组合在一起，互相补充。）

My blue tie really complements my white shirt.

（我的蓝色领结和白衬衫真的很搭。）

7.1.4 外贸合同中语言差异的翻译处理

与外贸合同的签订以及内容相关的语言差异，需要外贸业务员认真对待，否则容易引起合同纠纷，甚至经济纠纷。下面简单举例了解。

① However, we regret to have found that there are certain clauses which do not conform to those of the contract.

我们遗憾地发现有些条款与合同中的条款不符。

conform 是动词，如果用名词形式 conformity，则上一句话的表达应该为名词 conformity 的用法：

However, we regret to have found that there are certain clauses which are not in conformity with those of the contract.

② The name of beneficiary should read "MQ Machinery & Equipment Imp. & Exp. Corp.", instead of "MQ Machinery Imp. & Exp. Corp.", the latter being the name of another import and export corporation in MQ.

受益人姓名应为"MQ 机械设备进出口公司",而不是"MQ 机械进出口公司",后者是 MQ 另一家进出口公司的名称。

该语句中, should read 翻译为"应(读)为", read 是不及物动词。又比如:

We confirm our cable of today, which reads:...

我们确认我们今天的电报,应为:……

Article 5 in the Agreement reads as follows:...

协议第五条应为如下内容:……

We confirm receipt of your Email of today, reading:...

我们确认收到您今天的邮件,内容为:……

③ We regret to inform you that we did not receive your L/C covering the above Sales Confirmation till today.

我们遗憾地告知你方,我们直到今天才收到你方的有关上述售货确认书的信用证。

until 的意思是"直到",英语的 until 不能单纯地当作汉语的"直到"来翻译,因为 until 的意思是 A 动作继续到 B 工作发生或某个事件,而 B 工作一旦发生或者某个事件一到,A 动作就停止。所以,这句话"我们直到今天才收到你方的有关上述售货确认书的信用证"不能按照汉语的"直到"翻译成:

We receive your L/C covering the above S/C till today.

而应该翻译为: We did not receive your L/C covering the above sales confirmation till today.

也就是说,我们"没有收到"相关信用证的这个动作一直持续着,直到今天收到信用证后,"没有收到"这个动作才结束。类似的句子还有很多,简单列举如下:

We did not receive your shipment till today.

我们直到今天才收到你们的货。

We did not ship the goods till the receipt of your shipping instruction.

我们一直没有装运货物直到收到你方的装运指示才装运。

We will postpone the appointment of an agent until there is a good demand for our products.

我们将推迟任命一家代理直到我们的产品需求量很大的时候再任命。

总之，外贸合同中语言差异的翻译处理要特别注意以下细节。

用词准确性：外贸合同翻译的基本原则是信（忠实准确）、达（通顺流畅）、雅（词语得体），最重要的是准确性。翻译时应遵循直译原则，避免使用意译，尤其对于一些专有名词和专业术语，必须采用直译方式，避免产生误解。

被动语态翻译：外贸合同中常使用被动语态，翻译时应保持原文的被动语态，以确保合同的专业性和严谨性。

专业术语翻译：专业术语的翻译必须准确无误。比如，port of discharge 应翻译为"卸货港"，airport of departure 应翻译为"离境机场"，black market 应翻译为"黑市"，two-way trade 应翻译为"双向贸易"。

古体词翻译：在外贸合同翻译过程中，应减少古体词的使用，确保合同的专业性和正式性。

文化差异：由于不同国家的文化背景和法律体系存在差异，翻译时要特别注意。比如，收款方式、货款期限、运输安排等问题，需要在合同中明确规定，以避免因文化差异引起纠纷。

意思差异的分析解读：当外贸合同中涉及不同语言间的翻译时，文化背景差异会导致一些意思的差异。翻译人员需要准确理解原文意思，并尽可能地将其转化为目标语言中最接近的表达方式。

注意法律术语和定义：外贸合同中经常包含大量的法律术语和定义，它们在不同的法律体系中可能理解不同。翻译人员需要熟悉各国法律，以确保准确翻译并正确理解这些术语和定义。如有必要，可以进行注释或者提供附加解释来避免产生歧义。

语言风格和表达的选择：在翻译外贸合同文本时，需要注意选择恰当的语言风格和表达方式，避免过于口语化或者方言性的表达。同时，还要注意使用类似法律文件中的措辞和格式，以确保表达的清晰和权威性。

7.2 外贸客户谈单的僵局策略

外贸业务员在与客户进行业务谈判时，也常常陷入僵局，如果不想办法破除僵局，双方的合作很难达成，甚至连进一步商谈也无法实现。

7.2.1 九种谈判技巧让你破解谈判僵局

在陷入外贸谈判僵局时，外贸业务员可以从表7-1中的九种谈判技巧中选择合适的进行破解，从而促进双方达成交易。

表7-1 破解谈判僵局的九种谈判技巧

谈判技巧	解释说明
营造融洽的谈判气氛	如果在谈判初期陷入僵局，可以找到双方观点一致的地方，然后表达出来，给对方留下彼此更像合作伙伴的潜意识。这样一来，谈判就容易朝着一个达成共识的方向发展，而不是剑拔弩张的对抗
设定清楚谈判的禁区	参与谈判的外贸业务员可以提前设定好谈判中的禁语、危险话题和行为，避免在谈判中落入对方设下的陷阱或雷区
语言表达简练	在商务谈判中非常忌讳语言松散或像拉家常一样的语言表达方式。因此，外贸业务员应尽量让自己的语言简练，应用到破解谈判僵局中，就是要避免关键词被淹没在冗长的语言中，一定要让对方清楚明白己方表达的意思
善用停顿艺术	在谈判过程中，如果进入僵局而无法更进一步，可以适当暂停，使双方走出紧张的氛围，重新思考和计划，提出新的设想或者方案，从而打破僵局
让对方先开出条件	如果谈判过程中陷入僵局，外贸业务员可以让客户先说出自己的条件或者疑问，然后针对客户提出的条件和疑问进行解答，这样更容易占据主动地位，也可以避免双方陷入僵局
抓住对方弱点	为了打破僵局，外贸业务员可以抓住对方的弱点大做文章，让对方迫于压力而妥协，从而打破僵局
改变当前的谈判形势	如果在陷入谈判僵局时己方处于不利地位，可以利用僵局拖延时间，从而让大脑思维得到缓冲，可以更加条理清晰地争取更有利的谈判条件
善用时间限制法	外贸业务员可以在谈判陷入僵局时突然提出终止谈判的期限，给对方突然"袭击"，迫使对方在利益和时间的双重压力下妥协、退让
更换谈判人员	在外贸谈判中出现僵局且多方努力都无效时，可以在征得对方同意的前提下选择更换谈判人员，或者由领导出面调解，以此破除僵局

7.2.2　把握谈判节奏避免陷入僵局

把握谈判节奏避免陷入僵局，可以从掌握谈判时机和条件入手。

外贸谈判中，时间管理非常重要，客观时间限制和主观策略都可以影响谈判的进程甚至结果。比如，通过制造紧迫感来推动客户作出下单的决策。

又比如，在谈判过程中适时按下"暂停"键，可以让谈判双方冷静下来仔细思考，重新评估谈判的进展和自身定位，从而提出新的方案或设想。

另外，灵活运用谈判过程中出现的正负因素，也能避免谈判双方陷入僵局。比如，利用正因素推动谈判向前发展，利用负因素使双方先各退一步，然后重新审视整个谈判流程，再想办法更进一步商议。

下面来看一个通过"结束谈判"策略来掌控谈判节奏的例子。

实用范例 以"结束谈判"策略掌控节奏打破僵局

一家著名的汽车公司在海外某国家开拓市场时，急需找一家当地代理商来为其销售产品，以弥补他们不了解当地市场的缺陷。

当日，该汽车公司准备与一家公司就此问题进行谈判时，公司的谈判代表因路上堵车迟到了。外国公司的谈判代表就抓住这件事情不放，想要以此为手段获取更多的优惠条件。

汽车公司的谈判代表发现无路可退，于是站起来说："我们十分抱歉耽误了贵方的时间，但是这绝非我们的本意，我们对贵国的交通状况了解不足，所以导致了这个不愉快的结果，我希望我们不要再为了这个无所谓的问题耽误大家的宝贵时间，如果因为这件事情怀疑我们的合作诚意，那么，我们只好结束这次谈判。我认为，我们所提出的优惠代理条件是不会在贵国找不到合作伙伴的。"

汽车公司的谈判代表这一席话说的代理商哑口无言，他们也不想失去这次赚钱的机会，于是谈判顺利地进行下去。

在该案例中，汽车公司的谈判代表运用了进攻式开局策略，通过语言或者行为表达己方强硬的态度，从而获得对方必要的尊重，并借此机会制造心理优势，使得谈判顺利地进行下去。

采用进攻式开局策略一定要谨慎，因为在谈判开局阶段就设法显示自己的实力，使谈判开局就处于剑拔弩张的氛围中，对谈判的进一步发展是不利的。

实践证明，进攻式开局策略通常只在这样的情况下使用：发现谈判对手在刻意制造低调气氛，这种气氛对己方的讨价还价十分不利，如果不把这种低调气氛扭转过来，将损害己方的切身利益。

7.2.3 如何引导客户推进谈判

引导客户推进谈判，可以从掌握主动权、建立信任、转移话题以及提供充分的证据和事实等方面入手。

1. 掌握主动权

在与客户谈判期间，外贸业务员掌握主动权就意味着可以引导对方依照己方的思路进行讨论、商议。

为了实现这一点，外贸业务员可以提前做好充分准备，对谈判话题进行深入的研究，以便在谈判过程中提出有说服力的观点。通过提问、总结等方法，引导对方跟随我们的思路。

2. 建立信任

信任是外贸谈判成功的基础。在谈判开始时，外贸业务员要向客户表现出诚意和尊重，让对方感受到公司的合作意愿。

外贸业务员可以通过微笑、握手、目光交流等非语言手段展示友好和尊重，同时向客户强调双方的共同利益，让客户也认识到合作的价值，从而建立起双方的信任关系。

3. 转移话题

当与客户谈判陷入僵局时，巧妙地转移话题也是一种有效的推进谈判的策略，可以帮助客户从另一个角度看待问题，从而打破僵局，也让客户朝着己方预设的方向思考。

外贸业务员可以提出一个新的疑问，或者引入一个新的话题，让客户从其他角度考虑问题。另外，转移话题还可以为双方创造更多的谈判空间，有助于双方在其他方面达成共识。

4. 提供充分的证据和事实

外贸业务员在谈判过程中提供充分的证据和事实，可以支持己方观点，并使己方观点更有说服力。但要注意，一定要确保提供的证据和事实是准确的、可靠的，这样才能让客户更容易接受己方观点，从而推进谈判的进展。

5. 提出明确的要求和条件

在谈判过程中，外贸业务员除了要保持冷静，理智思考，认真聆听客户意见，尊重对方的观点和需求，还需要明确己方的要求和条件，并且用清晰、简洁的语言来表达。这样可以防止双方产生误解或歧义，帮助客户更好地了解己方的需求，从而达到引导客户推进谈判的效果。

6. 使用积极的语言

在外贸谈判过程中，使用积极、鼓励性的语言可以营造良好的谈判氛围，减少负面情绪的产生和影响，帮助双方更好地合作。

积极的语言更能起到引导作用，包括赞美、认同等，也容易引起客户的认同感和好感，从而推进谈判进程。

7.2.4 合同问题与冲突的解决方法

合同问题与冲突的解决方法主要包括以下四种：

1. 友好协商

这是解决合同问题、冲突和纠纷的首选方式。外贸合同的当事人双方应在自愿互谅的基础上，按照国家有关法律、政策和合同的约定，通过摆事实、讲道理，达成和解协议，自行解决合同问题、冲突和纠纷。

协商解决不仅能快速有效地解决争议，还能保持良好的合同关系，避免合作关系因争议而受到损害甚至终止。

2. 请求调解

在外贸合同当事人双方自愿的情况下，可以请求第三方机构介入调解，促进双方达成和解协议。

调解机构会帮助合同双方进行沟通、协商，争取达成和解。

3. 仲裁

如果外贸合同的当事人双方单独签订了仲裁协议，可以向仲裁委员会申请仲裁解决问题、冲突或纠纷。

仲裁机构会根据法律和合同的规定，做出公正的裁决。

4. 诉讼

如果外贸合同当事人双方通过上述方法都无法解决合同问题、冲突或纠纷，则可以向人民法院提起诉讼。

法院会根据法律的规定，对合同纠纷进行审理和判决。但要注意的是，诉讼可能会比较耗时耗力，费用也相对较高。外贸公司可以根据自身情况决定是否走到这一步。

外贸业务员除了要知道发生合同问题、冲突和纠纷时的解决方法，还应知道如何防范合同问题、冲突和纠纷的发生，常见措施如下。

明确合同条款：在签订外贸合同时，双方应明确各项条款的具体内容和责任分配，避免因条款模糊引起争议。

及时沟通：在外贸合同履行过程中，进出口双方应及时沟通，解决可能出现的问题，防止问题积累成大冲突、大纠纷。

建立信任机制：外贸公司通过建立信任机制，如定期审查合同执行情况、共享关键信息等，增强进出口双方的信任和合作。

法律咨询：在签订外贸合同前，外贸业务员可以咨询专业人士或法律人士，确保合同的合法性和有效性，避免因法律问题引起的纠纷。

7.2.5 棘手客户的应对技巧

棘手的客户会给外贸业务员出不同的难题，外贸业务员需要懂得如何应对。下面简单介绍一些棘手客户的情形，看看如何应对。

1. 如何应对客户的降价要求

第一，外贸业务员要分清楚客户要求降价的动机。如果客户是无理取闹式的讨价还价，外贸业务员就可以坚定自己的价格，并表示产品的独特性和高品质。比如，可以强调产品的原材料和制造工艺与其他供应商不同，展示相关证书，如SGS、CE等。

如果客户是善意地讨价还价，可以在权限范围内给予客户一定的折扣优惠，但要明确自己的底线。

第二，要合理设定并管理客户的期望。可在谈判过程中有策略地调整让步幅度，避免客户产生过高的期望。比如可先提出一个较小的降价幅度，如5%，观察客户的反应，然后根据谈判进展，逐步释放剩余的降价空间。

第三，如果客户希望降价，外贸业务员可以提出数量绑定的方案。比如，建议客户增加订单数量，以便从公司获得更好的价格。

第四，在谈判过程中遇到客户要求降价，外贸业务员也可以提出折中方案，各让一步。比如，先提出一个较高的价格，然后主动提出降价，同时引导客户关注下一步的交期问题和合同签订细节。

2. 细节谈妥但不下单的应对技巧

如果与外贸客户在交易细节上已经谈妥，但对方迟迟不签单，可以采取以下策略。

发送合同：直接给客户发送合同（PI），引导客户注意下一步的交期问题和对合同签订细节的把控。

管理客户的期望：在谈判过程中逐步释放降价空间，明确告知客户当前的降价幅度已经接近公司的底线，避免客户产生过高的降价期望。

真诚沟通：在谈判适当的时候，向客户展示在争取最佳条件方面的努力和面临的困难，让客户感受到你和公司的诚意及让步的艰难。

冷处理：面对态度蛮横的客户，外贸业务员应保持冷静，适当运用冷处理策略，表现出对谈判结果可有可无的态度，促使客户重新考虑其自己的立场和需求。

3. 客户抱怨价格高直接要底价

外贸人员可以通过表7-2中的策略应对。

表7-2 应对客户抱怨价格高而直接要底价的策略

策　略	解释说明
反问法	询问客户为什么觉得价格太高，了解客户的顾虑。同时，要了解竞争对手的情况，以便更好地向客户解释价格差异的原因
同理法	表示理解客户的感受，强调产品的价值和优势，尽可能让客户认识到公司产品的不可替代性，从而放弃底价
道理法	用专业的知识说服客户，强调产品的独特价值和市场定位，让客户深刻认同公司的产品，意识到自己要求的底价是不合理的
假定法	假设客户同意降价，然后询问是否可以成交，如果客户同意，则表示可以尝试争取一些优惠。比如"如果价格降低一点，您今天能订购吗？如果能的话，我就去请示一下领导，看看能不能给您一些优惠"
流程法	先介绍产品，让客户深入了解产品的价值后再讨论价格。这样可以让客户更能接受公司的报价，从而放弃要求底价成交
顺势法	了解客户的需求层次，提供不同价位的产品选择。比如，如果客户觉得产品价格太贵，可以询问客户需要的是高、中、低中的哪种产品，并表示公司都能提供，但价格不同质量就不同，然后给客户举一些实际例子，最后询问客户需要哪一种价位的产品。这样既能让客户感觉到有让步的可能，也让客户能根据自己的需求选择合适的产品

4. 对产品不信任犹豫不决

如果客户是因为对产品不信任，所以在是否签单的问题上犹豫不决。那么外贸业务员就可以将公司的产品研发报告、产品检测报告等发给客户查看。如果公司的产品还涉及专利技术，还可以向客户展示专利证书。

总之，外贸业务员可以将产品有关的所有证书、说明文件等都发送给客户查看，让客户切实了解到产品的详细信息。如果这样的应对措施还不能让客户满意，则说明客户没有合作的诚意，也就没有必要再花费时间和精力去挽留客户，此时外贸业务员需要及时中断双方的谈判，及时止损，说不定客户为了挽留我们而果断选择下单。

5. 应对客户的验厂要求

验厂又叫工厂审核，俗称查厂，一般分为人权验厂（即社会责任验厂）、品质验厂（即质量技术验厂）、反恐验厂（即供应链安全验厂）等。很多客户希望供应商在质量、社会责任、反恐等方面的管理体系达到一定要求。

如果客户提出验厂要求，则外贸公司需要采取一系列应对措施，确保顺利通过验厂，并为客户提供信心和保障。

（1）明确客户验厂要求

外贸公司先要与客户进行充分沟通，明确客户验厂的具体要求、标准和流程等，这样有助于公司了解客户的期望和关注点，为后续的准备工作提供方向。

（2）自查与整改

如果外贸企业有自己的工厂，则可以建立专业的自查团队，包括生产、质量、人力资源等部门的人员，对全厂进行自查。当然，如果公司自身不生产，而是与工厂合作，那么可以要求并协助工厂进行自查。

针对自查中发现的问题，外贸公司或者工厂需要对照客户验厂标准和行业法规进行整改，确保在客户验厂前符合要求。

（3）准备资料与现场

外贸公司或者工厂需要完善各类资料，如员工档案、生产记录、质量检测报告等，确保资料的真实性和完整性。在准备现场时，一定要保持生产现场的整洁、有序，确保设备正常运行，员工遵守规章制度进行操作。

（4）与客户沟通、协作

在验厂过程中，外贸公司或者工厂需要与客户保持沟通，反馈验厂进展情况，解答客户疑问。公司或工厂应积极配合客户的工作，提供必要的支持和协助，确保验厂的顺利进行。

（5）总结与改进

验厂结束后，外贸公司或者工厂需要对整个过程进行总结，分析存在的问题和不足。同时，还要针对总结中发现的问题，制定改进措施，并持续改进，为今后的客户验厂打下坚实基础。

由此，外贸公司可以更从容地面对客户的验厂要求，确保验厂顺利通过，并提升公司的整体竞争力和客户满意度，也有助于公司不断完善自身管理体系，实现持续发展。

7.3　不容忽视的外贸风险控制

外贸交易涉及地区与地区、国家与国家之间的沟通交流，加上交易距离比较遥远，会面临很多风险。如果外贸公司忽视这些风险的管控，业务开展就会非常困难，甚至危害公司的健康发展。

7.3.1　新客户第一次合作风险控制

新客户第一次合作的风险控制主要涉及表7-3中的几个方面。

表7-3　新客户第一次合作的风险控制项目

风控项目	解释说明
客户资质审查	在与新客户合作初期，需要对客户的资质进行严格审查，包括查看客户的注册时间、地址是否一致、经营状态是否正常等。如果客户实际地址与其对外宣称的地址不一致，或者经营状态显示为异常，则可能存在风险
合同条款明确	在签订外贸合同时，应明确关键条款，如产品质量标准、价格、交货期限和违约责任等。合同中还应约定检验标准和赔偿责任，以确保产品质量符合要求

续上表

风控项目	解释说明
信息安全风险	在与新客户合作过程中，可能涉及商业机密和敏感信息的交换，为了防止信息泄露，应与客户签订保密协议，明确双方对商业机密和敏感信息的保密义务
客户风险画像构建	通过系统集成的一些第三方数据信号源，快速构建客户风险报告，包括客户的风险评分评级、企业背景、资质证照、司法诉讼、发票税务、舆情公告等信息，帮助公司风控人员和销售人员实时了解客户风险动态
选择靠谱的商务资源平台	外贸公司在寻找合作伙伴时，优先考虑有良好口碑的商务资源平台，这样的平台能提供更真实、可靠的资源信息，并在一定程度上起到监督与保障的作用
分阶段实施计划	将合作项目划分为多个可管理、可评估的阶段，每个阶段结束时进行成果验收与风险评估，根据反馈调整合作策略，避免一次性投入过大而导致难以挽回损失

总之，外贸公司与新客户第一次合作时，一定要从对方资质、合同、信息安全等各个方面出发防范和控制可能的风险。

7.3.2 签订外贸合同要严格把控合同内容

要做到严格把控外贸合同内容，首先要明确外贸合同有哪些主要内容，见表7-4。

表7-4 外贸合同的主要内容

主要内容	涉及的条款
约首	包括合同名称、编号，签约日期和地点，交易双方名称、地址、联系电话
文本	①交易商品名称。 ②品质条款：确定品质的方法和标准，确认品质的时间、地点、品质公差条款等。 ③数量条款：确定的单位，交付约定数量的条件，重量的计算，溢短装条款等。 ④价格条款：价格术语，使用的货币币种、佣金、折扣等。 ⑤包装条款：内包装、外包装、填塞物、包装尺寸、重量和唛头等。 ⑥保险条款：投保人、险别、保险金额、理赔地点等。 ⑦交货条款：装运交货地点、时间、方式，装运通知等。 ⑧支付条款：支付时间、条件、币种，以及延期和拒付的规定等。 ⑨检验条款：检验的地点、标准、机构等。 ⑩索赔条款、仲裁条款、不可抗力条款、违约和取消合约条款以及适用法律等
约尾	双方签字、生效日期等

其次，严格把控外贸合同内容，需要注意以下事项：

精细化合同条款：确保合同中的每一项条款，包括质量标准、数量、交货日期、检验流程等都经过详细的界定，力求清晰、具体且无歧义。详尽描述商品的技术规格与品质标准，最大限度减少因理解差异引发的争议。

设定合理的检验与索赔时限：确立既不过于严苛也不过于宽松的检验与索赔期限，确保这些时限既能符合实际操作需求，也能有效保护进出口双方的权益，避免过短的期限限制买方发现并提出索赔的能力，同时防止过长期限给出口方带来不必要的风险。

选用权威检验机构：双方共同选定一个业界公认的、公正的检验机构执行商品检验工作，以此作为争议解决的重要依据，显著降低因检验结果不一致产生的冲突。

明确违约责任条款：在合同中详尽阐述双方违约时的具体责任、赔偿方式及赔偿限额，为潜在的违约行为设定明确的法律后果，以此增强合同的约束力和执行力。

建立高效的争议解决机制：合同内应包含详尽的争议解决条款，明确双方在选择仲裁或诉讼作为解决途径时的具体流程、所选仲裁机构或法院，以及适用的法律体系，确保争议能够得到及时、公正的处理。

强化风险评估与保险保障：对合同执行过程中可能遇到的风险进行全面评估，并根据评估结果购买相应的保险，如货物运输保险等，以减轻因不可抗力或意外事件导致的潜在损失。

积极有效沟通：在合同履行的各个阶段，双方应保持开放、及时的沟通渠道，以便及时发现并解决可能出现的问题，防止小问题逐渐累积成难以解决的纠纷。

完善记录保留制度：建立严格的文档管理体系，妥善保存所有与合同执行相关的文件和通信记录，包括质量检验报告、交货单据、往来邮件等，以便在需要时能够迅速提供有力的证据支持。

寻求专业法律支持：在合同签订前，积极寻求专业法律顾问的协助，对合同条款进行全面审查，确保其合法性、有效性和与国际贸易惯例的一致性，从源头上降低纠纷发生的可能性。

7.3.3 把控付款方式隐藏的风险

外贸交易中，不同的付款方式隐藏着不同的风险，外贸业务员要知道如何规避以降低经济损失。

1. 100% T/T advance

注意，100% T/T advance 的意思是 100% 货款到账开始生产，而不是 100% 货款到账发货。这个付款方式意味着外贸公司或者工厂还没有开始生产，就收到采购方全部货款了。

很显然，这种付款方式对出口方来说风险为零，但同时，这种付款方式对于进口方来说是风险最大的。一般只在样品单或者小订单中才采用这种付款方式。

2. T/T 定金 +T/T 尾款发货前付清

这种付款方式对出口方来说也是非常安全的，且定金比例收得越高，安全系数越高。

但是，这种付款方式下有一种很极端的情况，即客户付完定金后弃货了，或者倒闭了，但这个概率非常小。只要没有发货，收到了定金却碰到客户弃货的情况，可以将货物转卖给其他客户或者降价处理，应对方案还是有的。

3. T/T 定金 + 尾款即期信用证

一般来说，30% T/T、70% 尾款信用证是这种付款方式的常用类型，这时的 T/T 比例也是越高越好。

实际上，这种付款方式与第二种付款方式的安全程度几乎一样，区别在于该付款方式下，外贸公司必须发货上船拿到提单之后才能交单。

信用证收款的最大风险在于出现不符点之后客户会拒付货款。而收到 T/T 定金后可以保证即使有不符点，客户基本上也会接受不符点而付款赎单，因为他们已经付了足够多的定金，不可能为了单据上的一点点不符就不要货物和定金了。

所以，这种付款方式也是非常安全的。但是要注意，一定是先收 T/T 定金，再是尾款信用证。有些客户会采用 70% 的金额信用证做定金，30% 尾款见单据 T/T 的付款方式，这种方式对出口方来说非常不安全，因为货物上船拿到全套单据后，如果客户不付 T/T 尾款，出口方处境会非常尴尬，因为如果不交单，货马上到港了就有滞港费，交单以后客户不付尾款就没有有效的约束。

如果外贸公司对风险控制比较严格，这三种付款方式是首选，基本上不会有坏账和收不到货款的风险。

4. 部分定金 + 部分尾款见提单副本

这个付款方式是最常用的付款方式，最常见的比例是 30% T/T、70% 尾款见提单副本，实际操作时也有一些变化，比如对于一些信誉良好的老客户，也可以是 20% T/T、80% 尾款见提单副本。

采用这种付款方式的风险点在于以下方面：

（1）客户经营状况发生重大变化而无力付尾款

这里的经营状况发生重大变化，主要可能是客户公司资金周转出了问题。境外银行贷款利率很低，有很多客户非常依赖银行贷款来周转资金，有的甚至完全没有自己的资金就经营公司，有了订单后再去申请银行贷款下单采购。当他们的资金链断裂时，就可能会出现付了部分定金而无力支付尾款的情况。

针对这样的情况，外贸公司应在确定付款方式之前就充分调查客户的实力、经营状况等各个方面。具体可以通过搜索引擎搜索客户背景或向境内其他供应商了解。如果对客户的信誉不是很有把握，可以采用提高定金比例的做法，比如将定金提高到 50%，这样即使客户弃货，风险也会大大降低。

（2）国际环境发生突变

当国际环境发生突然剧变，如客户国家的汇率突然大跌，这个时候如果有些客户支付的定金比例较小，如 10%~20%，客户有可能直接弃货。

针对这样的情况，外贸公司需要经常关注国际环境和国际形势，当遇到经济动荡地区的客户订单时，也可以通过提高定金比例，或者要求发货前付清货款的方式，来降低收款风险。

（3）遭遇诈骗

前两种风险属于客观条件的改变带来的弃货风险，很多情况下不是客户主观想要弃货。但外贸活动中难免有一些非常小的无良货代，会与客户勾结，存在无单放货的情况。

针对这类情况，如果外贸公司需要货代来开展业务，就应事先考察货代公司的资质和信誉，按照考察客户公司的标准考察货代公司。

（4）一些南美国家的法律规定引发的风险

一些南美国家，如巴西、尼加拉瓜、危地马拉、洪都拉斯、萨尔瓦多、哥斯达黎加、多米尼加、委内瑞拉等，他们有一些法律规定：如果记名提单上的收货人是实际进口方，则进口方可以凭借提单副本提货。

这种情况下，外贸公司应尽量用 To Order 作为提单收货人，意思是收货人不确定，凭借 shipper（发货人）的指示提货。同时，外贸公司可以在收到全款后对提单进行背书，也就是说，提单背面盖发货人的英文章，然后寄正本给客户，以此防范该类风险。

本书共 7 章，其学习导图如下：

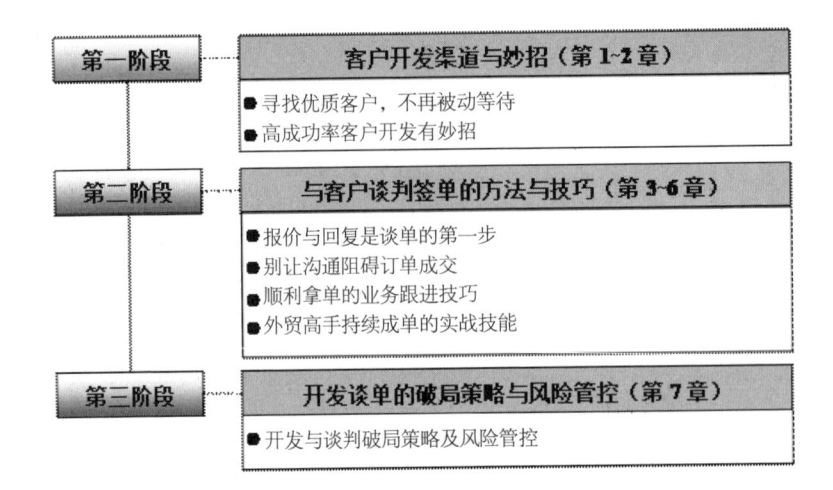

第一阶段 —— 客户开发渠道与妙招（第 1-2 章）
- 寻找优质客户，不再被动等待
- 高成功率客户开发有妙招

第二阶段 —— 与客户谈判签单的方法与技巧（第 3-6 章）
- 报价与回复是谈单的第一步
- 别让沟通阻碍订单成交
- 顺利拿单的业务跟进技巧
- 外贸高手持续成单的实战技能

第三阶段 —— 开发谈单的破局策略与风险管控（第 7 章）
- 开发与谈判破局策略及风险管控

视频：本书内容简介